스피드뱅크 안명숙 소장이 추천하는

사야 할 땅 팔아야 할 땅

안명숙 지음

한국경제신문

지금은 땅도 사고
집도 넓혀가는 전략이 필요한 때

2004년 초 한 대학에 부동산 재테크 과정 강의를 하러 갔을 때의 일이다. 부동산 투자에 관심 있는 다양한 직업과 폭넓은 연령대의 사람들이 열심히 필자의 얘기에 귀를 기울여주었다. 강의가 끝나자 60대 초반으로 보이는 다섯 분이 강단 앞으로 오셨다.

"땅에 투자하려고 하는데, 어디가 좋을까요? 이천은 정말 괜찮나요?"

강의가 끝나면 개별적인 투자상담이 이어지게 마련이다. 하지만 다섯 분이 함께 같은 질문에 대한 답을 기다리는 경우는 극히 드문 일이다. 그것도 관련 업종에 종사하는 분이 아닌 그저 평범한 '아줌마' 들이라는 사실에 필자는 놀라지 않을 수 없었다.

친한 친구 다섯이 4,000만 원씩 총 2억 원 정도를 땅에 투자하고자 의기투합, 2003년 말부터 괜찮다는 수도권은 다 돌아다녔고 재테크 강의도 꼼꼼히 챙겨 듣고 있는 중이라고 웃으며 필자에게 설명해 주셨다.

아파트 분양권 등 주택에 공동 투자해 짭짤한 이익을 남겼던 다섯 분은 이제 땅으로 눈을 돌리기 위해 열심히 이론공부와 현장실습을 병행하는 중이었다. 이제 땅이 부동산 투자고수들만의 전유물이 아니라 일반 투자자들의 관심종목으로 자리잡고 있음을 새삼 깨달을 수 있는 기회였다.

필자의 가장 친한 친구 K가 광명시 철산동 주공2단지로 이사온 것은 2002년 말이었다. 1980년대 초에 지어진 5층짜리 재건축대상 아파트의 내부는 굳이 설명을 하지 않아도 얼마나 불편한지 짐작할 수 있으리라. 평면 구조는 그렇다 치고 화장실에는 단지 변기 하나만 있을 뿐이라 베란다에 돈을 들여 세면대를 하나 설치해 쓸 수밖에 없었다. 세수는 베란다에서 하고 볼일만 화장실에서 보는, 어쨌든 세수와 용변이 철저히 분리된 첨단 스타일(?)이었다. 샤워는 꿈도 꾸지 못해 수시로 대중목욕탕을 드나들어야 하는 불편함도 만만치 않았다.

K가 재건축 아파트로 이사를 한 이유는 저렴한 전셋값 때문이었다. 그녀는 번듯한 집을 팔아 일부는 전세 보증금으로 충당하고 나머지는 땅을 사는 데 '올인' 했다. 2003년 광명시 아파트 값이 30% 정도 오르자 주변에서는 아파트를 팔아 땅에 투자하고는 변변치 않은 전셋집에서 사는 K를 안타깝게 여기기도 했다.

그러나 K가 사둔 땅의 가격은 현재 세 배쯤 올라 있다. 그녀는 그 땅을 팔아 아파트를 넓혀갈 계획을 세우고 있다. 아파트 값이 30% 오를 동안 땅값은 세 배가 올라 그간의 불편함을 일거에 보상받을 수 있는 대가로 돌아온 것이다. K는 부동산 투자에 전혀 관심이 없는 친구였다. 그러나 앞으로는 부동산 투자에 더 많은 관심을 갖게 될 것이다. '땅'이 기대하지도 않았던 자산가치의 상승을 실현해 주었기 때문이다.

땅투자는 누구에게나 그 가능성이 열려 있는 부동산 투자종목 중 하나일 뿐이다. 유별난 부동산 투기꾼들만의 독점 분야가 아니다. K도 고작 1억 원을 약간 웃도는 집 한 채만 달랑 갖고 있을 뿐이었다.

고등학교 시절 단짝친구였던 L이 20여 년 만에 전화를 걸어왔다. TV에서 나를 보고 인터넷으로 회사 연락처를 알아냈다는 것이다. 반가운 나머지 이런저런 얘기 끝에 필자의 동네에서 만나 사는 얘기를 즐겁게 나누었다. 대학과 대학원에서 통계학을 전공하고 국내 유수의 리서치 회사에서 근무하다가 최근 부동산 관련 일을 시작해 보고자 그만두었다고 한다.

오랜 만의 만남 후 한 달도 채 지나지 않았을 무렵 L에게서 다시 전화가 걸려왔다. 다시 취직을 했으니 자신의 회사 근처에서 만나자고 말이다. 어떤 회사인지 궁금했던 필자에게 그녀는 부동산을 현장에서 공부하고, 또 투자를 통해 돈도 벌기 위해 취직을 했다고 설명했다. 그녀의 회사는 테헤란로변의 대형 건물에 있는데, 직원 수가 100명이 넘고 주로 전화로 영업을 한다는 것이었다. 아울러 업무의 베테랑급은 연봉만 1억 원을 웃돈다는 얘기도 잊지 않았다.

흔히 말하는 기획부동산이었다. 얼마 지나지 않아 그 친구는 자신이 팔아야 하는 물건 중 괜찮은 입지의 2개 필지 400평을 대출을 통해 매입했다. 1년 안에 두 배는 오를 거라며 흥분에 젖은 그녀의 목소리가 아직도 귓가에 맴돈다.

　부동산과 인연을 맺으면서 항상 느끼는 일이지만, 그 누구도 부동산과 무관하게 살고 있는 사람은 없다. 1990년대 초반에서 중반까지는 분양가 규제로 아파트 분양이 인기를 모은 시대였다. 1990년대 중반부터는 호가제에서 입찰제로 바뀌면서 법원 경매에 대한 일반인들의 관심이 높아지자 그 인기가 급상승했다. 1990년대 말에는 분양가 자율화에 이어 분양권 거래가 허용되자 분양권 투자로 투자자들이 이동했고, 2000년 들어서는 재건축이 최대 투자상품으로 떠올랐다. 치솟는 집값을 안정시키기 위한 정부의 규제로 주택시장이 냉각되면서 이제는 땅으로 투자자들이 이동하기 시작했다.

　투자종목이 바뀌는 데에는 사회적·정치적 이유들이 작용한다. 정부의 규제나 사회적 여건의 변화 등으로 더 이상 투자수익을 기대하기 어렵게 되면, 투자자들은 대안이 될 수 있는 종목을 찾아 움직인다.

　앞으로도 투자자들은 끊임없이 움직일 것이다. 그러나 더 이상 토지 아니면 주택이라는 식의 하나만 고집하는 시대는 지났다. 토지나 주택도 부동산 투자의 포트폴리오 중 하나다. 주택 투자에서 얻은 수익으로 땅에 투자하고, 다시 그 수익으로 집을 늘려가는 것이다. 여러 채의 집을 갖고 있기보다는, 위험은 크지만 수익률은 높은 토지, 안정적이지만 수익성은 낮은 주택에 분산 투자하는 방법이 함께 검토돼야 한다.

　앞으로는 부동산 투자에 있어 이른바 '멀티 플레이어'를 요구하는 시대다. 시대의 흐름에 부응하는 투자자가 더 많은 이익을 남길 수 있다.

처음 땅투자 관련 책 집필을 의뢰받았을 때 망설이지 않을 수 없었다. 그런데 땅투자에 목말라하는 '보통사람들'을 보면서, 또 부동산 공부를 하겠다고, 돈을 벌어보겠다고 기획부동산 회사에 들어간 친구를 보면서 땅투자에 관심 있는 사람들이 가까이에 두고 읽을 만한 책이 있었으면 좋겠다고 판단했다. 따라서 주변의 투자 성공사례와 많은 사람들이 궁금해하는 상담사례를 중심으로 필자조차도 헷갈리는 내용들을 이 참에 다시 한번 확인 · 정리해 보았다.

책을 정리할 수 있도록 항상 본연의 업무를 충실히 수행해 주고 있는 스피드뱅크 부동산연구소 식구들과 책이 나올 수 있도록 끝까지 고생해 준 출판사 여러분께 감사의 말씀을 전하고 싶다.

여름방학을 맞이해 시원한 물가에 한번 제대로 데려가지 못했지만 이해해 주고 따라주는 아들과 항상 같은 거리에서 같은 목소리로 필자를 응원해 주는 남편에게도 사랑한다는 말로 고마움을 대신한다. 그리고 항상 인생의 윤활유가 되어주시는 부모님과 친구들, 선후배들에게도 감사의 마음을 전한다. 물론 이 책을 읽는 독자들 또한 모쪼록 성공투자의 길로 들어서기를 진심으로 소원하는 바다.

2004년 9월

안 명 숙

chapter 3
서둘러 사고 천천히 팔아라

chapter 6
땅투자 관련법규를 꼭 잡아라

1

뜨는 땅 골라잡는
알짜 투자법

땅투자 최대 이슈,
행정수도 이전 수혜지를 노려라

정부에서는 이미 행정수도 확정지의 땅값 상승을 억제하기 위해 토지거래특례제도 및 건축허가와 개발행위 제한 등을 통한 강력 규제에 나섰다. 그렇다면 겹겹의 규제와 고수들이 가격을 올려놓고 빠져나온 행정수도 지역의 땅투자는 물 건너간 셈일까?

토지시장의 최대 이슈이자 화두는 누가 뭐래도 행정수도 이전이다. 삼삼오오 모인 자리에서는 늘 행정수도 이전이 뜨거운 화제로 떠오르고 있다. 정치나 경제권에서도 행정수도 이전에 대한 논란이 벌어지고 있는 만큼 전국민의 관심이 매우 높은 것이 사실이다. 어쨌든 행정수도와 그의 부속기관이 이전한다는 것은 정책을 통해 강제적으로 인구와 자금을 이동시켜 지역 균형을 이루겠다는 의도다. 따라서 행정수도 확정지(연기 · 공주)와 그 주변 지역이야말로 장차 부동산 개발의 최대

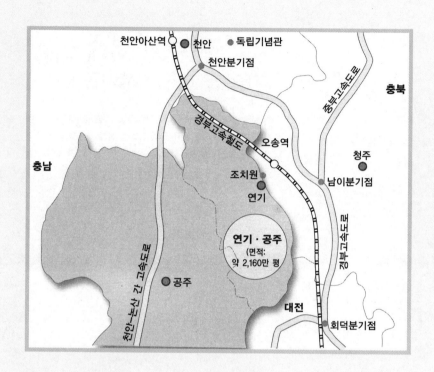

신행정수도 확정지 — 연기 · 공주 지역

2,160만 평에 해당하는 신행정수도 확정지 연기 · 공주 지역은 경부고속철도 오송역 및 청주공항이 인접해 있으며, 경부고속도로와 국도들이 주변을 통과하고 있어 교통이 편리하다. 이 곳은 전형적인 배산임수 지역으로 주변에 원사봉을 비롯해 전월산이 자리잡고 있으며, 미호천과 금강이 합류하는 지점 사이에 장남평야가 있다.

충남 연기군 금남면 · 남면 · 동면과 공주시 장기면 일대가 신행정수도 건설지에 포함될 예정이다.

관심지역임에 틀림없다.

정부에서는 이미 행정수도 확정지의 땅값 상승을 억제하기 위해 토지거래특례제도 및 건축허가와 개발행위 제한 등을 통한 강력 규제에 나섰다. 이미 한 수 위인 고수들은 연기·공주 지역에서 빠져나가고 있는 상황이다. 그렇다면 겹겹의 규제와 고수들이 가격을 올려놓고 빠져나온 행정수도 지역의 땅투자는 이제 물 건너간 셈일까?

결론부터 얘기하자면 이 질문에 대답은 질문자에 따라 '예스' 또는 '노' 다. 투자지역이 어디인지 또는 투자자의 기대수익률에 따라 그 해답이 달라지기 때문이다. 땅투자 고수들의 행정수도 지역 공략법에 대해 살펴보자.

신행정수도 건설 예정지

먼저 행정수도 지역에 해당하는 충남 연기군 금남면·남면·동면과 공주시 장기면 일대는 수용지역에 포함된다. 보상가는 2004년 1월 1일 현재 공시지가를 기준으로 1.5배 수준인 평당 20만 원대에 이를 것으로 예상된다. 현재 연기군 남면이나 금남면 일대에 나와 있는 물건의 평균 평당 매매가는 전(田) 56만 원, 답(畓) 32만 원으로 보상가와는 큰 차이를 보인다.

외지 투자자들은, 행정수도 확정지 및 주변 지역에서는 이주자택지나 협의자 양도택지 분양을 통해 안전하게 차익을 노리는 투자법을 선호한다. 하지만 공람공고일 1년 전부터 해당 지역에서 거주하고 있던

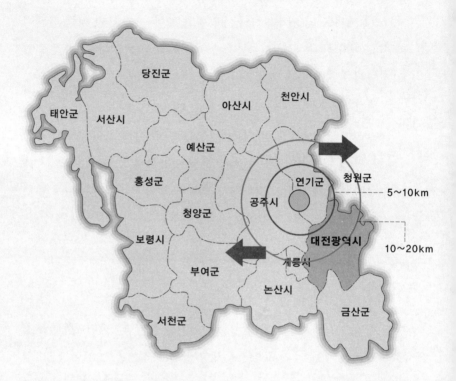

신행정수도 인근 투자 유망지역

최대 땅투자 유망지역으로 꼽히고 있는 신행정수도 확정지와 인근지역은 지역에 따라 유망종목을
차별화하는 투자전략을 구사하는 것이 바람직하다. 신행정수도 확정지에 인접할수록 개발 후 가치
상승효과는 크지만 각종 건축허가 및 개발의 규제 때문에 장기투자 차원에서 접근해야 한다. 단기
투자를 노리는 투자자들은 부여 · 서천 · 진천 등 외곽지역으로 투자 대상을 넓혀가고 있다.

원주민에게 이주자택지를 지급하는 것으로 관련 규제가 강화돼 사실상 지금 투자에 나서는 초보자들은 오히려 택지분양 자격조차 부여받지 못하면서 재산권 권리행사도 차단돼 손해를 입을 수 있다. 눈에 보이는 3년 미만의 단기차익을 기대하는 투자자들에게는 '노!'라고 조언할 수밖에 없다.

연기 · 공주에서 5~10km 지역

행정수도 이전지의 중심으로부터 5~10km 지역은 충청남도 공주시 반포면 · 의당면, 연기군 조치원읍 서면, 충청북도 청원군 강내면 · 강외면 · 부용면, 대전광역시 유성구 구룡동 · 금고동, 금탄동 · 대동 · 둔곡동 · 신동에 해당된다.

이들 지역은 행정수도 이전지 인접지역으로 10년 동안 건축허가 및 개발이 제한된다. 따라서 단기 수익을 기대하기가 어렵다. 도시계획 수립을 통해 어떤 용도로 개발 가능할지 결정되므로 상업용지 등으로 변경될 경우 기다린 시간 이상의 차익도 기대할 수 있다. 최장 10년을 보고 투자한다는 전략이라면 관심을 가져볼 만하다.

결국 도시계획이 수립되고 실질적인 개발에 착수하는 시기에 이르기까지 약 5년 정도면 그 윤곽이 드러날 수 있다. 도시계획이 결정되면 개방용도에 따라 적합한 토지를 원하는 매수자에게 팔 수 있다.

충북 청원군 부용면과 충남 연기군 서면의 상업 및 주거지역, 조치원읍의 자연녹지지역, 청원군 강내면의 대지나 주택이 포함된 토지는 개발 프리미엄을 기대할 수 있을 것으로 전문가들은 내다보고 있다.

2004년 7월 말 현재 연기군 서면의 대지는 평균 평당가가 69만 원선으로, 평당 40만~100만 원에 이르는 다양한 매물이 나와 있다. 연기군 조치원읍은 농지의 경우 평당 40만~120만 원선에 매물의 호가가 형성돼 있다. 대지는 평당 180만~260만 원선에 매물이 나와 있다.

이 지역은 행정수도가 건설되면 도시의 허파 구실을 하는 녹지 벨트가 형성될 가능성이 높다. 따라서 임야 투자는 피하는 것이 좋다. 국토의계획및이용에관한법률이 제정되면서 난개발을 방지하고 국토의 효율적 관리를 위해, 관리지역은 토지적성 평가를 거쳐 2007년까지 생산 · 보전 · 계획 관리지역으로 세분화된다. 결국 현재는 관리지역 임야라도 향후 보전 및 생산 관리지역으로 구분될 가능성이 높아 위험성이 크고 투자가치도 기대하기 어려울 것으로 전망된다.

연기 · 공주에서 10~20km 지역

행정수도 이전지로부터 10~20km 지역에는 공주시 이인면 · 우성면 · 정안면 · 소정면 등이 자리한다. 이들 지역은 토지거래특례지역이나 건축허가 및 개발제한구역에도 포함되지 않아 비교적 외지인의 투자가 자유롭다. 최근 들어 이들 지역으로 관심이 모아지고 있는 이유이기도 하다. 일반적으로 10km 이내 지역보다는 행정수도 이전에 따른 가치상승은 가파르지 않을 것으로 여겨진다. 그러나 거래나 이용이 장기적으로 묶여 재산권 행사가 쉽지 않은 10km 이내 지역과는 달리 단기 투자를 고려해 볼 만하다.

그러나 이들 지역으로 관심이 쏠리면서 땅값이 가파르게 오를 경우, 빠르면 8월에라도 투기지역이나 토지거래허가구역으로 묶일 수 있다. 따라서 규제 대상인 위장전입보다는 해당 지역으로 이주하는 편이 유리하다. 연고가 다른 지역에 묶여 이주가 자유롭지 않은 경우라면 쉽지 않겠다. 하지만 투자에 따른 수익이 예견된다면 노후 준비 또는 증여용 투자로 한번쯤 고려해 볼 만하다.

연기군 소정면은 남천안 나들목에서 대전으로 연결되는 1번 국도변에 자리해 있다는 이점 때문에 향후 개발가치가 높아질 것으로 전망된다. 2004년 7월 말 기준 매물 평균시세는 답이 평당 17만 원, 전 24만 원, 임야 17만 원 수준이다. 그러나 국도변에 자리한 입지가 좋은 농지는 평당 50만~80만 원에 거래되고 있다. 자금 여력이 괜찮다면 국도변 입지가 좋은 농지를 사두는 것이 유리할 것으로 판단된다. 하지만 안쪽 농지라도 도로를 접하고 있는 쓸 만한 관리지역 땅이라면 투자를 생각해 볼 만하다.

공주시 우성면 · 정안면 · 이인면 등지는 공주시와 행정수도가 만나는 지역이다. 도시가 팽창됨에 따라 무임승차를 노린 개발이 늘어날 것으로 보여 땅값 상승이 예견된다. 그러나 이들 지역은 백제시대 문화재를 간직하고 있다. 따라서 문화재 발굴 가능성이 많은 유적지에서 벗어난 지역 선택이 바람직하다. 문화재 보호구역에서 500m 이상 벗어난 지역이라야 비로소 건축이 가능하기 때문이다.

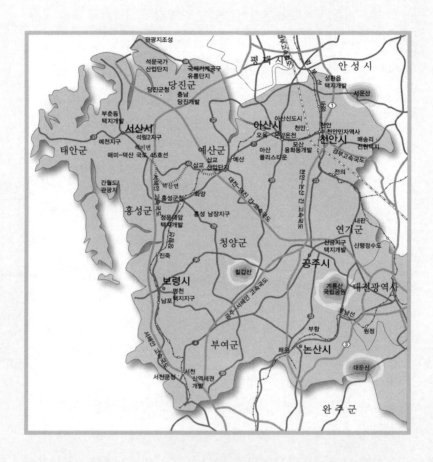

관광지조성
석문국가
산업단지 국제컨테이너공구
유통단지
당진군청 당진군
충남
당진개발

평택시 안성시
성환읍
택지개발 서운산

부춘동
택지개발
서산시 아산신도시
예천지구 석림2지구 아산시 천안 천안
태안군 오목 온양온천 천안민자역사 매송리
해미-덕산 국도 45호선 예산군 모산 천안시 전원택지
용화동개발 경부고속국도
삽교 예산 아산
백산면 삽교 산업단지 폴리스타운 전의

대전-당진 간 고속국도
홍성군청 화양
홍성 남장지구
청운해양 내판
택지개발 연기군
진죽 산금지구 신행정수도
청양군 택지개발
칠갑산 공주시
보령시 계룡산 대전광역시
명천 국립공원
남포 택지지구 온남선
공주-서해안 고속국도 부황 원정
부여군 체운 논산시
서해안 고속국도
서천 대둔산
서천군청 신역세권
개발

완주군

행정수도 이전으로 초미의 관심 대상이 된 충청남도

행정수도 이전뿐 아니라 충남도청 이전이 거론되고 있는 예산·홍성 등지를 비롯한 충남 전지역의
땅값이 들썩거리고 있다. 정부는 2004년 8월 25일부터 청양·홍성·서산 등 충남 7개 지역을 토
지투기지역으로 지정했다.

기타 충청권

행정수도 이전지에 대한 정부 규제가 강화되면서 투자자들이 그 주변 지역으로 이동하고 있다. 이에 따라 홍성, 예산, 부여, 청양, 서천 등지가 뜨고 있다. 상대적으로 규제가 덜하고 가격이 저렴한 곳으로 중개업자나 기획부동산들이 발빠른 이동을 시작했고 투자자들 또한 주변 지역으로 눈을 돌리고 있다.

토지 가격도 가파르게 상승하면서 8월 25일자로 충남 당진 · 예산 · 홍성 · 청양 · 태안 · 서산 · 논산 등이 토지투기지역으로 추가 지정됐다.

그러나 이들 지역도 이미 상승세를 타면서 가격이 만만치 않은 수준이고 실제 행정수도 이전 효과를 볼 수 있을지에 대한 확신도 미미하기 때문에 어느 곳보다 꼼꼼하게 따져보는 투자가 필요하다. 예산과 홍성, 청양 등지는 충남도청 이전이 거론되면서 몇 년 전부터 땅값 상승세를 유지해 온 지역이다. 그러나 충남도청 이전은 소문만 무성할 뿐 여전히 확정된 바가 없는 상황이다.

가격만 부풀려져 있고 나중에 도청 이전이 무산된다면 가치가 떨어지는 땅의 가격은 하락할 수밖에 없다. 이 같은 사례를 투자자들은 이미 동계 올림픽 유치에 실패한 강원도 평창에서도 경험한 바 있지 않은가. 따라서 지금 성급하게 들어가기보다는 다소 가격이 상승한다손 치더라도 충남도청 이전부지가 확정된 후 움직이면 이른바 '무릎에서 사는' 안정적인 투자가 될 수 있다.

공주와 인접한 부여나 바다를 끼고 있는 서천도 향후 유망지역으로 기대할 수 있다. 부여는 부여읍을 제외하면 농지의 경우 아직 평당 10만 원 이하의 땅이 많기 때문에 5년 정도의 중기 투자를 노리는 소액 투자자들이 관심을 가져볼 만하다.

서천군은 서해안고속도로 개통 후 교통여건이 좋은 지역을 중심으로 소폭이나마 꾸준한 땅값 상승이 이어져 장항읍은 농지의 경우 평당 20만~90만 원선, 대지는 200만 원을 웃도는 땅이 많다. 최근 들어 기획부동산 업체들이 부여·청양·서천 등지로 이른바 '작업'에 나서고 있어 이들 지역의 땅값 상승도 이미 예고된 것이나 다름없다는 분석이 현지의 의견이다.

한편 행정수도 이전 후보지에서 제외된 충북 보은·옥천·진천·음성군 및 충남 금산군 등은 2004년 8월 23일자로 토지거래허가구역에서 해제돼 단기 투자 차원에서는 이들 주변 지역을 고려해 보는 것도 현명한 방법이 될 수 있다. '살아 진천, 죽어 용인'이란 옛말이 있듯이, 주거환경이 뛰어난 진천은 토지거래나 개발관련 규제의 해제로 그 반사이익을 톡톡히 기대할 수 있다. 현재 나와 있는 농지의 평당가는 10만~30만 원선이다.

규제를 알고 투자해야
낭패를 보지 않는다

신행정수도 확정지와 그 주변 지역 중 확정지 중심점으로부터 반경 10km 내 읍·면·동에 해당하는 지역은 개발행위허가 및 건축허가 제한요청지역으로 지정돼 토지의 이용이 수월하지 않고 거래도 자유롭지 않다는 점을 기억해 두어야 한다.

신행정수도 건설지역 투자에서는 토지거래허가제도나 토지투기구역 정도의 상식만 가지고 접근하면 낭패를 보기 십상이다. 신행정수도 건설을 노리고 들어오는 투기세력을 막기 위해 건설교통부가 규제를 강화하고 나섰기 때문이다.

우선 확실하게 짚고 넘어가야 하는 것이 신행정수도 확정지와 그 주변 지역 중 확정지 중심점으로부터 반경 10km 내 읍·면·동(제한지역에 포함되는 읍·면·동의 면적이 당해 읍·면·동 전체 면적의 10% 미만인 읍·

면·동은 제외)에 해당하는 지역은 개발행위허가 및 건축허가 제한요청 지역으로 지정됐다는 사실이다.

개발행위 및 건축허가 제한요청지역은 5개 읍, 38개 면, 13개 동의 녹지지역과 비도시지역으로 우선 2004년 말까지는 이들 지역 전부가 포함된다.

하지만 신행정수도 후보지에서 제외된 충북 음성이나 진천, 천안, 목천 등지와 그 주변 지역은 이미 규제에서 풀려났다.

다만 신행정수도 이전지역으로 지정된 연기군 남면·금남면·동면 등의 후보지역과 반경 10km 내 읍·면·동은 여전히 개발행위허가 및 건축허가가 제한된다. 이들 지역에서는 국토의계획및이용에관한법률 제56조와 건축법 제8조에 따라 허가를 받아야 할 수 있는 토지형질변경, 건축물의 건축 또는 공작물의 설치, 토석 채취를 할 수 없게 된다.

또한 기존의 토지거래허가구역을 강화, 토지거래특례지역을 지정해 투기 목적의 토지거래를 제한하고 있다. 토지거래허가구역의 경우 거래시 허가를 받아야 하는 면적 기준을 살펴보면 농지는 1,000m²(303평) 초과, 임야는 2,000m²(605평) 초과, 기타는 500m²(151평) 초과로 규정돼 있다. 하지만 토지거래특례지역으로 묶인 신행정수도 건설 후보지 및 주변 지역에서는 200m²(60평) 초과 농지, 임야, 기타 토지에 대해 거래시 허가를 받아야 한다. 또한 이주자택지 등을 노리고 전입하는 외지 투자자를 차단하기 위해 이주자택지의 지급기준을 연기군 남면·금남면·동면과 공주 장기면에 대해서는 수도권 수준으로 강화, 예정지구 지정 공람공고일 1년 전으로 설정했다. 일반적으로 비수도권은 예정지구 지

건축허가 및 개발제한구역

신행정수도 확정지	건축허가 및 개발제한구역
연기 남 · 금남 · 동면 공주 장기 일원	충청남도 공주시 반포면, 의당면, 장기면, 연기군 조치원읍, 금남면, 남면, 동면, 서면/ 충청북도 청원군 강내면, 강외면, 부용면/ 대전광역시 유성구 구룡동, 금고동, 금탄동, 대동, 둔곡동, 신동 등 17개 지역

*후보지 탈락으로 해제될 지역은 제외함

토지거래특례지역

토지거래특례지역(읍 · 면 · 동)	비 고
충청남도 공주시 반포면, 의당면, 장기면/ 연기군 조치원읍, 금남면, 남면, 동면, 서면/ 충청북도 청원군 강내면, 강외면, 부용면/ 대전광역시 유성구 구룡동, 금고동, 금탄동, 대동, 둔곡동, 신동	1개 읍 10개 면 6개 동

정 공람공고일을 기준으로 이주자택지 지급자격을 결정해 왔으나 외지 투자수요가 급증하자 이주자택지 지급자격 기준을 강화했다. 최근 이주자택지를 노리고 성급하게 후보지역으로 이주해 농가주택을 구입한 외지 투자자들은 결국 막대한 손해를 감수해야 할 판이다.

또한 취득자금의 원천자료가 불분명한 자는 1999년 이후 부동산 등 취득자산을 포함한 자금출처를 조사, 최고 50%의 세금을 추징하고 1년 미만의 단기 양도자에게는 50%, 미등기전매자에 대해서는 실거래가에 따른 양도차익의 70%를 세금으로 환수할 방침이다.

또 허위나 이중계약서 등 부정한 방법으로 조세를 포탈한 경우 사법처리를 받게 될 수도 있어 신행정수도 건설지역 투자는 거듭 신중을 기해야 한다.

따 · 져 · 보 · 는 · 부 · 동 · 산 · 상 · 식

건설교통부에 적발된
신행정수도 후보지의 투기 백태

"위장전입은 단속 제1순위, 투자를 결심했다면 현지로 내려가라."

2004년 7월 신행정수도 후보지에서 건설교통부에 의해 단속된 거래들은 대부분 위장전입이었다. 주민등록지의 주소를 현지로 이전하는 방식의 이른바 '눈 가리고 아웅'은 이제 안 통한다는 것이다. 적어도 전세 또는 매매계약서를 첨부해야 한다. 충청권 땅투자를 고려하고 있다면 차라리 현지로 내려가 제대로 된 정보를 바탕으로 장기 투자를 해야 낭패를 보지 않는다. 이 정도의 노력과 열정이 없으면 충청권에서는 수익을 거둘 수 없다.

건교부가 밝힌 투기 사례는 다음과 같다.

◇토지거래허가 위반

지금껏 고단수 투기자에게 토지거래허가제는 마음만 먹으면 얼마든지 피해갈 수 있는 규제였다. 증여 등의 수법으로 소유권을 이전할 수 있기 때문이다.

서울 성북구에 사는 주부 박모씨도 불법 증여를 통해 2004년 3월 충북 청원군 강외면 일대 농지 600평을 사들였다. 이 일대는 토지거래허가구역이라 외지인이 303평을 초과하는 농지를 정식 매입하는 것은 사실상 불가능하다. 박씨는 해당 지역에 아무 연고가 없는 것을 확인한 단속반에 적발됐다.

아예 농지원부를 발급받아 땅을 구입한 간 큰 투기꾼도 있다. 경기도에 거주하던 김모씨는 2004년 3월 농지원부를 교부받고 토지거래허가를 거쳐 농지 1,000평을 구입했다. 그러나 김씨는 농사와는 전혀 상관이 없는 투기자로서 농지를 구입한 후 그

대로 방치해 놓은 사실이 포착돼 단속반에 적발됐다.

◇이주자택지를 노린 위장전입

2004년 6월 충북 청주에 사는 김모씨 등 일가족 3명은 충남 연기군 남면의 한 농가 주택으로 전입신고를 했다. 현지 주택 소유자에게 우선 분양되는 이주자택지를 노린 것이다. 하지만 현지에 연고가 없는 것을 의심한 단속반이 해당 농가 주택을 수 차례 방문한 끝에 위장전입 사실을 밝혀냈다. 단속반은 집이 비어 있고 가재도구가 전혀 없는 것을 확인한 뒤 이웃 주민들을 대상으로 탐문 조사까지 벌여 위장전입을 적발 했다.

농가 주택을 구하지 못하자 아예 집을 지어 위장전입한 사례도 있다. 충남 공주시 장기면에 사는 김모씨는 2004년 5월 집 근처에 조립식 주택을 짓고 혼자만 전입신고를 했다. 단속반은 김씨가 장기면에 가족과 함께 거주하다 전입한 것을 발견하고는 현장 확인을 거듭해 김씨의 위장전입을 확인했다.

◇조직적인 불법중개

무허가 중개업소를 차려놓고 조직적으로 불법 중개거래를 알선한 컨설팅 업체도 단속을 피하지 못했다. 충북 청주 지역에서 무등록 중개행위를 하던 이 업체는 주변 중개업소의 신고로 적발됐다.

미등기 토지나 전매 금지 아파트 분양권을 불법 중개하다 적발된 중개업소도 있다. 대전의 한 중개업소는 중개업법에 의한 등록은 했지만 매매가 금지된 미등기 토지나 분양권을 집중적으로 투기자에게 중개하다가 단속망에 걸려들었다.

03

김포 추락,
어부지리 파주가 뜬다

파주는 남북통일 무드가 무르익을수록 개발호재가 더욱 높아질 수
밖에 없는 지역이다. 이 같은 사실을 잘 알면서도 투자자들이 그
동안 선뜻 나서지 못했던 이유는 남북관계라는 것이 대내외적 정
치변수에 따라 예측이 불가능할 정도로 부침이 심했기 때문이다.

2004년 6월 말 수도권 땅값의 판도를 바꿔놓을 만한 폭탄 계획이
발표됐다. 일산 신도시보다도 더 큰 규모의 김포 신도시 건설계획을 당
초 계획(480만 평)의 3분의 1 수준에도 못 미치는 150만 평 규모의 택지
개발 사업 정도로 축소하겠다는 내용이었다. 남북이 대치 중인 상황에
서 군사적 방어체제상 기존의 김포 지역에 드넓은 신도시를 개발하는
것은 전략적 위험이 내재돼 있다는 이유였다.

발표 직후 김포의 땅값은 급속한 하락세를 나타내며 그 투자 열기가

차갑게 식고 있다. 개발호재로 가격 상승폭이 더 컸던 토지는 주택보다 타격이 더 심한 상황이었다. 호가도 하락하고 있는데다 거래가 중단되면서 앞으로 추가 가격 하락이 있을 것이라고 비관적으로 전망하는 전문가들도 많다.

김포 신도시의 경우 당장은 규모를 축소·개발하지만 향후 남북관계의 진전 상황에 따라 추가 개발 가능성도 있다. 또한 김포 신도시에서 서울까지 이어지는 경전철 건설은 당초 예정대로 추진할 계획으로 알려져 있다. 그러나 여전히 개발계획의 실현 가능성에 대한 불신도 적잖은 상황이라 예정대로 경전철 건설이 가시화되면 김포의 침체된 부동산 경기에 숨통을 틔워줄 수도 있을 것으로 보인다.

김포를 투자대상으로 노렸다면 차라리 서쪽으로 더 진출한 강화도 투자가 단기 목적에서는 한결 유리하다. 강화도 내 한계농지의 경우 서울에서 1~2시간 내 진입이 가능한 교통여건과 바다와 산, 문화유적 등의 테마를 두루 갖추고 있어 소규모 펜션 개발이 유망하다.

강화도의 땅값 시세를 살펴보면 대체로 마니산과 동막 해수욕장 등으로 관광인구가 몰리는 화도면이 가장 비싸고, 석모도의 길목인 외포리 선착장 등에 인접한 내가면 또한 인기 지역 중 하나다.

농지의 경우 평당 매매가가 화도면은 30만~80만 원 수준이고 내가면은 25만~60만 원에 이른다. 해안 지역은 바다가 보이는 도로 인접 부지와 내륙의 땅값 차이가 크다는 특징을 갖고 있다. 강화도에서도 바닷가에 펜션을 지을 수 있는 대지는 평당 100만 원을 훌쩍 넘긴다.

어쨌든 김포의 추락으로 더 뜨거운 관심을 모으는 곳이 바로 파주다.

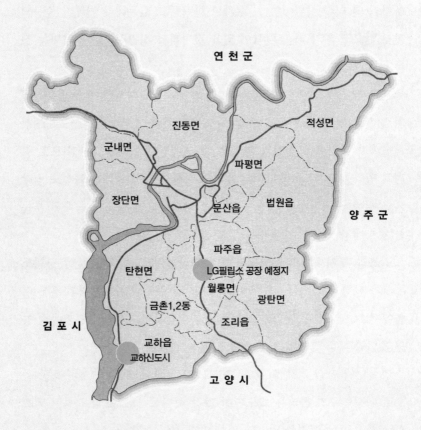

개발호재가 많은 파주시

김포 신도시 축소 · 개발 발표 후 김포의 토지시장이 위축되고 있는 반면 교하 신도시 개발 및 월롱면에 LG필립스 공장 건설 등의 굵직한 호재가 겹치면서 최근 몇 년 간 땅값이 크게 상승했다.

파주는 굵직한 호재들을 갖고 있다는 점에서 투자자들의 구미를 더욱 당기게 한다. 우선 파주 신도시 건설은 빼놓을 수 없는 땅값 상승요인 중 하나다. 파주 교하 신도시를 포함해 아파트와 연립주택 4만 5,000가구, 단독주택 2,000가구 등 4만 7,000가구가 건설됨으로써 14만 2,000명의 인구를 수용한다. 파주 교하 신도시는 전체 면적의 27%를 공원 등 녹지로 가꾸고 5만 평은 농업생태공원으로 조성, 주말농장과 인공습지, 생태수로 등으로 꾸밀 예정이다.

파주 신도시 건설로 늘어나는 유입인구를 서울과 원활하게 소통시켜 주기 위해 제2자유로 건설도 추진된다. 제2자유로는 고양 대화동~서울 상암지구 간 18km(왕복 6차로)이며, 파주 신도시 연결도로는 고양 대화동~파주 신도시 간 4.9km(왕복 6차로), 자유로~파주 신도시 간 7.2km(왕복 6차로)다.

파주에서 두번째 개발호재로 꼽을 수 있는 것은 LG필립스 공장 설립에 따른 기업도시로서의 발돋움이다. 2005년 착공에 들어갈 LG필립스 공장은 파주시 월롱면 덕은리 일대 총 50만 평의 부지를 산업단지로 지정한 뒤 LG필립스측에 일괄적으로 분양, 양도하게 된다. LG필립스측은 2007년까지 공장설립 공사를 마무리할 것으로 알려졌다.

LG필립스 공장은 고용인원 2만여 명, 총 생산 3조 원에 이르는 지역경제 승수효과를 가져다 줌으로써 수원시와 같은 기업도시로 성장할 수 있는 원동력을 갖는 계기가 될 것으로 파주시는 기대하고 있다.

산업단지 조성공사를 맡게 되는 경기지방공사는 2005년 3월 본격적인 산업단지 조성공사에 착수하기 위해 부지매입에 나설 계획이다. LG필립스 공장 건설을 통해 유관 협력업체의 활성화라는 부가효과도 기대할 수 있다. 파주시는 당동지구에 외국인 투자업체 8개소, 선유지구에 국내 35개 업체 정도를 입주시킬 계획이다.

결국 LG필립스 공장단지 건설은 토지 보상에 따른 주변 지역 땅값 상승과 유입인구에 따른 인근 지역의 개발 박차를 예고하는 호재임에 틀림없다. 이미 최근 몇 년 동안 파주시 땅값이 고공행진을 지속해 온 것도 이를 반증하는 결과다.

아파트 건설을 통해 진작부터 개발이 이뤄지고 있는 금촌동의 경우 쓸 만한 농지는 평당 200만~300만 원에 달하고 있다. 교하 신도시 개발과 더불어 47만 평에 달하는 파주 출판문화정보 산업단지가 건설되고 있는 교하읍 일대 또한 파주에서 상종가를 달리고 있는 지역 중 하나다. 2004년 7월 말 현재 교하읍에 매물로 나와 있는 농지의 평당 매매가는 100만~200만 원선이며 임야도 130만~170만 원 수준이다.

LG필립스 공장 건설에 따라 땅투자 열풍이 불고 있는 월롱면 일대 농지는 평당 50만~120만 원선에 매물이 나와 있고, 현황이 괜찮은 임야는 이미 평당 100만 원을 훌쩍 뛰어넘었다.

파주는 남북통일 무드가 무르익을수록 개발호재가 더욱 많아질 수밖에 없는 지역이다. 이 같은 사실을 잘 알면서도 투자자들이 그 동안 선뜻 나서지 못했던 것은 남북관계라는 것이 대내외적 정치변수에 따라 예측이 불가능할 정도로 부침이 심했기 때문이다. 그러나 이미 개성공단 착공과 함께 남과 북이 육로를 통해 물자를 수송하고 관광을 하는 시대로 접어든 지 오래다. 인내심을 갖고 파주를 지켜본 사람이라면 그 인내심의 보상 또한 머잖아 받게 될 것이다.

항구도시, 산업도시, 군사도시인
평택을 아시나요?

평택이 뜨는 이유는 평택항 개발과 산업단지 확충이다. 인천항의
1.5배에 이르는 평택항은 2020년까지 단계적으로 확장되어 대중
국 무역의 중심지로 육성될 예정이다. 이와 더불어 배후 산업단지
를 비롯한 배후지 개발계획이 현실성 있게 추진되고 있다.

경기도와 충청남도의 경계를 이루는 평택은 넓어지고 있는 수도권의
택지공급을 담당할 요충지역으로 손꼽히고 있다. 이미 세교·안중지구 등
을 개발한 데 이어 오는 2004년 10월경 건설교통부는 소사벌 일대 105만
평을 소사 택지개발지구로 지정, 1만 8,000가구를 건설할 계획이다.

또한 평택시 청북지구 개발로 인해 청북면 일대에도 투자자들의 발
길이 끊이지 않고 있다. 평택시 청북면 옥길리·후사리, 안중면 덕우리
일대에 개발되는 청북지구는 10만 평 규모의 종합 스포츠타운을 갖춰

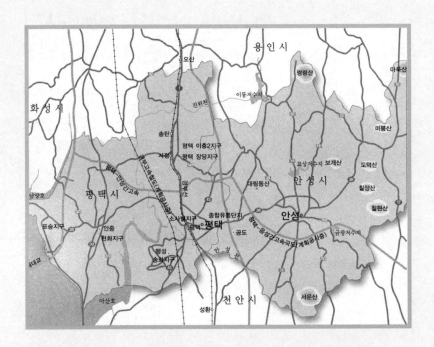

신(新) 대중국 무역의 중심지 평택

평택항 확충과 산업단지 건립 및 택지개발 사업 등이 추진되면서 포승면을 비롯한 수혜지역의 땅값 상승이 가시화되고 있다. 더욱이 용산 미군부대의 평택 이전이 가속화되고 평택항 개발에 따라 산업단지가 들어서면 향후에도 추가 땅값 상승을 기대해 볼 만한 유망지역으로 꼽히고 있다.

차별화를 이루고 있다. 스포츠타운에는 인라인 스케이트 파크를 비롯해 게이트볼, 골프장 등이 들어설 예정이다.

청북지구는 인구 밀도가 타 지역에 비해 매우 낮은 111명/ha로 쾌적함을 자랑한다. 예를 들어 용인 죽전지구의 경우 160명/ha, 화성 동탄 신도시는 135명/ha다. 총 60만 평 규모에 단독주택 1,570세대, 공동주택 5,754세대가 들어서며 2004년 말에 조성 공사에 착수, 오는 2007년경 입주가 가능할 것으로 보인다.

평택이 뜨는 가장 근본적인 이유는 평택항 개발과 산업단지 확충이다. 인천항의 1.5배에 이르는 평택항은 2020년까지 단계적으로 확장되어 대중국 무역의 중심지로 육성될 예정이다. 평택항 개발이 땅값 상승을 주도하는 주요 요인으로 떠오르는 이유는 평택항의 막대한 규모뿐 아니라 배후 산업단지를 비롯한 배후지 개발계획이 현실성 있게 추진되고 있기 때문이다.

평택항 배후 산업단지로서 포승국가공단 1,833평과 7개의 지방 산업단지 1,664평, 유통단지인 포승지구 251평이 조성된다. 항만 배후지로 상업 및 업무지역 328평, 관광위락지구 1,050평 등 총 5,886평이 개발될 계획이라 서평택의 땅값 상승에 앞으로도 적잖은 영향을 미칠 것으로 보인다.

2000년 포승면 만호리와 신영리, 도곡리 일대가 배후지 개발계획의 일환으로 그 용도가 상업지역으로 바뀌면서 가격이 급등했던 것도 투자자들을 이끄는 요인이 되고 있다. 포승면 일대에 매물로 나온 농지 가격은 평당 30만~100만 원 수준이다. 따라서 수도권이지만 상대적으로 적은 자금으로 투자할 수 있는 유망지역으로 추천되고 있다.

평택이 각광받는 또 다른 이유는 국가 기간산업의 동맥 역할을 하는 경부고속도로와 서해안고속도로, 경부선이 통과하고 있다는 점이다. 서해안고속도로 개통 후 포승면이나 안중 일대 가격이 오른 것은 물론이고 오산과 평택의 삼각지대로서 그 동안 조명받지 못했던 진위면 일부가 도시지역에 편입되면서 가곡 · 봉남리 일대의 땅투자도 활발하다.

진위면 일대는 경부고속도로 진입이 쉽고 1번국도 이용이 편리하다는 이점을 갖고 있다. 따라서 물류기지나 창고용 부지를 찾는 투자자들이 많은 지역이다. 입지에 비해 아직 가격이 상대적으로 많이 오르지 않아 투자자들의 관심이 모아지는 곳이기도 하다. 2004년 7월 말 현재 토지 매물의 평균 평당가를 살펴보면 진위면 일대 임야는 평당 20만 ~70만 원선이다. 농지는 차이가 커 상대적으로 입지가 떨어지는 곳은 10만 원대 물건도 나와 있지만 대체로 30만~120만 원선이다.

더욱이 경부선 서울~천안 구간이 2004년 말 복복선으로 전철화된다. 따라서 평택에서도 서울까지 전철로 출퇴근이 가능한 시대가 온다. 화성이나 수원에 비해 매우 가격이 낮았던 오산 · 평택의 주택 수요가 증가하고 그에 따른 토지 수요도 늘어날 것으로 전망돼 평택역 역세권 주변의 택지 활용이 가능한 대규모 토지에 건설업체들의 입질이 늘고 있다.

최근 평택이 급부상하는 가장 중요한 이유는 미8군 용산기지 캠프 험프리의 이전지역으로 꼽히고 있기 때문이다. 평택으로 이전될 캠프 험프리의 규모는 대략 349만 평 규모로 확정되었고 늦어도 2005년 말

까지 토지 매수를 매듭 지을 계획이라 대상부지 선정과 토지 매수에 소요되는 시간이 촉박하다. 이에 따라 용지 보상이 제대로 이뤄지지 않을 경우 강제매수에 들어갈 예정이다.

미군기지 이전 후보지로 떠오르고 있는 팽성읍 일대는 국제 신도시 건설로 최근 땅값이 급등했다. 농지의 경우 30만~150만 원의 시세로 물건이 나와 있다. 그러나 미군기지 이전에 따라 매수되는 용지는 공시지가인 평당 6만~8만 원 수준이다. 이는 시세보다 터무니없이 낮은 수준이라는 점을 투자자들은 염두에 두어야 한다.

많은 호재가 복합된 평택은 그래서 뜨는 지역도 많고 투자자들의 발길도 지속적으로 이어지고 있다.

평택은 서해안고속도로 개통 이후 투자가치가 높아지고 있다. 여기에 평택항·포승공단·미군기지 이전 등의 호재로 앞으로도 투자 유망지역으로 각광받을 전망이다.

05

썩어도 준치,
그래도 수도권이다

신도시 개발과 인구 집중은 서로 불가분 관계에 있다. 이를 뒤집
어 생각해 보면 인구가 밀집돼 있는 수도권은 앞으로도 주택용지
나 상업용지 등 사람이 살면서 필요한 시설들을 건설하기 위한
용도로 전환될 수밖에 없다는 뜻이다.

서울 등 수도권으로 사람이 모이는 이유는 일자리가 있고, 집이 있
고, 또 사람이 있기 때문이다. 어느 것이 먼저라고 할 것도 없이 늘어나
는 주택 수요를 충당하기 위한 택지개발 사업이나 신도시를 건설하면
다시 인구가 유입되고, 또 인구가 늘어나면서 다시 증가하는 수요를 충
당하기 위해 주택을 추가로 건설하게 된다.

　신도시 개발과 인구 집중은 서로 불가분 관계에 있다. 이를 뒤집어
생각해 보면 인구가 밀집돼 있는 수도권은 앞으로도 많은 땅이 주택용

지나 상업용지 등 사람이 살면서 필요한 시설들을 건설하기 위한 용도로 전환될 수밖에 없다는 뜻이다. 아주 쉽고 간단한 이유 때문에 수도권 땅값은 일시적 호재와 관계없이 전국의 땅값 상승세를 주도한다.

수도권에서 토지시장을 선도하고 있는 곳은 역시 판교다. 판교는 강남의 대체주거지로서 분당보다 쾌적한 서울의 인접 도시로 자리를 잡을 전망이다. 판교 신도시는 총 281만 8,000여 평에 2만 9,700세대의 아파트가 들어선다. 이 가운데 아파트, 연립주택 등 공동주택은 2만 6,400가구이고 나머지 2,726가구는 단독주택이다. 판교 신도시는 총 8만 9,000명이 입주하는 자족도시로 발돋움하기 위해 단지 내에 벤처 센터 및 업무시설이 들어설 예정이다.

판교 신도시는 택지개발 예정지구로 지정된 2001년 이전부터 이미 개발이 예고되어 돈 꽤나 있다는 투자자들에게 최고의 투자처로 꼽혀 왔다. 이미 토지 보상이 거의 마무리돼 2005년 상반기 중에는 아파트 분양이 이어질 계획이다. 그 동안 가격이 꾸준히 오르면서 보상가도 이례적으로 공시지가의 두 배를 웃도는 수준에서 결정·지급된 것으로 알려졌다.

협의자 양도택지나 이주자택지의 인기도 높아 평당가만 1,100만 원을 훌쩍 넘는 시세가 형성돼 있다. 판교 신도시 외 접경지역의 농지는 평균 평당가가 600만 원을 호가하고 있다. 판교 신도시 주변 땅값은 이미 오를 만큼 올라 있는 것으로 평가돼 있다. 판교 신도시에서 보상을 받은 원주민들이 주변의 다른 땅 매입에 나섰고 협의자 양도택지나 이주자택지만도 프리미엄이 3억 원에 이르는 수준이다.

철원군

화천군

연천군

포천시

동두천시

춘천시

파주시

양주시

가평군

의정부시

인천
광역시

김포시

고양시

남양주시

구리시

인천
광역시

서울특별시

부천시

하남시

양평군

광명시

과천시

판교 신도시

안양시

광주시

시흥시

의왕시

군포시

안산시

수원시

동탄 신도시

여주군

원주시

안산시

용인시

이천시

화성시

오산시

충주시

평택시

안성시

음성군

당진군

꾸준한 투자 관심 지역 수도권 및 경기 일대

고수들은 수도권을 벗어나지 않는다. 사람이 많고 돈이 모이는 수도권은 항상 개발 대기 중이라고 판단하기 때문이다. 최근 판교 신도시와 화성 동탄 신도시 개발로 인근 지역 땅값이 크게 상승하고 이주자택지나 협의자 양도택지 프리미엄이 몇억 원을 호가하는 현상은 수도권이 여전히 관심지역임을 입증하고 있다.

판교보다 먼저 신도시 인기를 체험한 곳은 화성이다. 화성에서는 태안에 이어 동탄지구가 제2기 신도시로 건설되면서 땅값 또한 강세를 보이고 있다. 아울러 2001년 화성시로 승격하면서 택지 및 산업단지 개발이 줄을 잇고 있다. 화성은 인접한 수원과 달리 그다지 주목을 받아오지 못했으나 경부선 복복선 전철화 사업을 통해 전철이 세마대~병점까지 개통되면 수도권의 확장은 명약관화(明若觀火)한 일이 된다.

태안지구에 이어 동탄지구는 2003년 말 이주자 및 협의자 양도택지 분양에 이어 2004년 6월 공동주택 시범단지 분양을 통해 세간의 이목을 집중시켰다. 이주자택지 및 협의자 양도택지 거래가 활기를 띠면서 분양 후 프리미엄만 1억 원에 육박하자, 건설교통부는 택지의 분양권도 전매를 1회로 제한하는 방향으로 관련법을 개정했다.

동탄지구가 인기를 모으는 것은 그 규모와 입지 때문이다. 동탄지구는 총 274만 평으로 아파트와 단독주택 4만 가구가 들어설 예정이다. 동탄지구는 인구밀도가 분당이나 과천보다 낮은 수준으로 설계됐으며 특수목적고와 자립형 사립고도 유치할 예정이라 교육 경쟁력을 단기간에 확보할 수 있는 여건을 마련해 놓고 있다.

화성 동탄지구의 보상비가 2001년부터 풀리면서 인접한 봉담 일대 땅값이 크게 올랐다. 농지의 경우 2004년 7월에 나온 매물의 평당가가 50만~130만 원까지 분포돼 있어 괜찮은 입지의 토지매물은 100만 원을 웃돌고 있다.

2004년 상반기 중 전국에서 땅값이 가장 많이 오른 10대 지역은 충남권과 경기도에서 싹쓸이했다. 그 중 경기도에서는 오산, 분당구(판교 일대), 광주, 여주, 파주 등 5개 지역이 포함되어 수도권 인기의 위력을 유감없이 보여주고 있다.

수요가 많은 곳은 반짝 상승이 아니라 지속적이고 장기적인 상승을 의미한다. 자금이 넉넉한 투자자들이 수도권 택지를 선호하는 데는 이 같은 이유들이 숨어 있다.

천안·아산 호재는
고속철도 개통으로 끝나지 않았다

아산 신도시 예정지역 주변은 이미 건설업체들이 북수리·공수리 등 배방면 일대 용지를 매입, 아파트 건설에 나서고 있어 관심지역이 신도시에 바로 인접한 곳에서부터 점차 확대되어 가고 있는 추세다.

고속철도 개통에 따른 수혜지역으로 가장 많은 관심을 모았던 천안·아산을 땅투자 유망지역으로 꼽는 것은 어쩌면 당연한 일인지도 모른다. '고속철도 개통'이라는 교통혁명으로 천안·아산 지역까지 30분 내 접근이 가능해져 배후 택지지구인 불당지구는 분양권 프리미엄이 1억 원(33평 기준)을 호가하는 수준이라는 것도 이를 입증한다.

특히 경부선 복복선 전철화로 2004년 말이면 서울에서 천안까지 전철로 왕복이 가능한 시대가 열린다. 이어 2006년까지 장항선도 복선 전

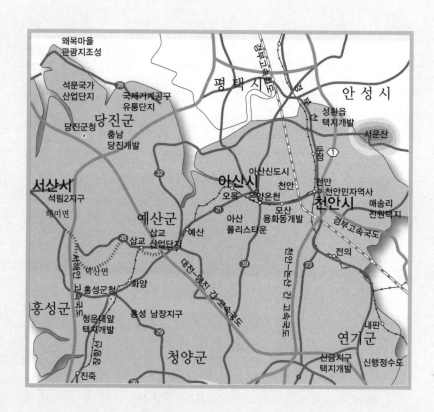

아산 신도시와 탕정 산업단지 개발로 여전히
인기가 높은 천안 · 아산 지역

고속철도 개통에 따른 기대심리로 땅값이 급상승한 천안 · 아산 지역은 고속철도 개통 후 오히려 가격이 주춤하고 있다. 하지만 아산 신도시 개발 및 탕정면 일대의 산업단지 개발 등으로 토지 보상이 꾸준히 진행되고 있어 인근 토지의 가격 상승 또한 잇따라 이어지고 있다.

철화 사업을 완공할 계획이라 아산 또한 전철권 시대의 개막을 앞두고 있다. 아산 신도시는 그 규모가 총 886만 평에 이른다. 이 가운데 1단계 107만 평은 이미 2004년 1월 개발계획 승인을 받은 상태다. 2020년까지 3단계에 걸쳐 총 886만 평 규모로 개발되는 아산 신도시는 2단계 330만 평, 3단계 449만 평을 개발해 수도권 주요 대학, 공공기관, 첨단 산업체, 연구소를 대거 유치함으로써 첨단복합신도시로 발돋움할 예정이다.

이미 1단계 지역에는 국립특수교육원(6,000평), 사학연금관리공단(5,000평), 고속철도건설공단(9,000평)과 2단계 지역에는 순천향대(7만평), 홍익대(18만 평), 단국대(12만 평)와 땅 공급협약이 체결돼 있다.

아산 신도시 예정지역 주변은 이미 건설업체들이 북수리 · 공수리 등 배방면 일대 용지를 매입, 아파트 건설에 나서고 있어 관심지역이 신도시에 바로 인접한 곳에서부터 점차 확대되어 가고 있는 추세다. 2004년 7월 현재 배방면 일대 농지는 평당 60만~100만 원선에 나와 있다.

아산 지역의 경우 신도시 보상이 시작되면서 원주민들이 양도세 감면을 위해 장기리 등 주변 지역 농지를 매입하고 있다. 따라서 아산시 땅값 상승 바람이 예산쪽으로 번져가고 있다.

특히 삼성전자가 2004년 준공예정인 충남 아산 탕정 제1산업단지를 기존 201만㎡(60만 평)에서 267만㎡(80만 평)로 66만㎡(20만 평) 늘리는 방안을 추진하고 있다.

삼성전자는 산업자원부가 아산시 둔포면 일대에 조성하고 있는 전자 · 정보 집적화 단지(둔포단지)에 198만㎡(60만 평) 규모의 협력업체 입주단지를 확보해 달라고 충청남도 당국을 통해 건의했다. 아산시에서도 둔포산업단지 개발을 가속화할 방침이라 기업도시로서 아산시의 향후 발전 잠재력은 여전히 높은 상태다.

삼성은 제1산업단지 내 정밀유리 공장과 백라이트 유닛 공장의 증설을 위한 산업용지 33만㎡와 이에 따른 배후주거지 33만㎡ 등 총 66만㎡를 아산 신도시 개발에서 제외된 주변 지역에 확보할 계획을 발표했다. 더욱이 이 일대는 토지 소유주들도 산업단지 편입을 강하게 요구하고 있어 추가 개발이 무난할 것으로 판단된다.

삼성의 산업단지 건설로 아산시 탕정면 일대는 최근 1~2년 사이 땅값이 두 배가량 상승했다. 탕정면 일대 농지는 평당 50만~90만 원선에 매물이 나와 있고 임야는 평당 30만~70만 원선에 호가가 형성돼 있다.

천안~아산 신도시 일대는 고속철도 개통을 앞두고 토지 및 주택가격이 지속적으로 상승했지만 오히려 고속철도 개통 후에는 당초 예상보다 이용객이 많지 않고 인프라 시설 미흡 등의 이유로 주택 가격과 땅값 상승세가 주춤하고 있다. 그러나 천안과 아산에서 고속철도 개통에 따른 호재가 사라졌다고 판단하는 사람은 아무도 없다. 아직도 개발이 진행되고 있기 때문이다.

신도시 배후 도시의 경우 이미 가격이 크게 올라 3억 원 이상의 여윳돈을 가져야만 투자가 가능하다. 따라서 섣불리 나서기보다는 장기적 안목에서 여유를 갖고 접근한다면 개발이 가시화되고 자족도시로서의 제 기능을 발휘하는 2010년경에는 적잖은 이익을 실현시켜 줄 알짜배기 땅이 될 가능성이 높다.

강원도 신개발축
원주 · 춘천이 뜬다

원주와 춘천은 토지 거래도 비교적 자유롭고 기준시가로 양도세가 부과되고 있는 지역이다. 하지만 땅값이 급등할 경우 토지투기구역 지정 등의 후속 대책이 뒤따를 것으로 판단된다. 그러므로 최소 3~5년의 장기투자 목적으로 접근해야 한다.

수도권이나 충청권에는 호재가 풍부하고 가격 상승이 가파른 만큼 규제의 칼날 또한 날카롭다. 어지간한 곳은 토지거래허가구역으로 묶여 있어 일정 규모 이상의 토지를 거래할 때 허가를 받지 못하면 사고 파는 것이 사실상 불가능하다. 또 토지거래허가를 받았다손 치더라도 토지투기구역으로 지정돼 실거래가로 양도세가 부과된다. 따라서 실제 내 주머니로 들어오는 이익은 생각보다 적을 수 있다.

이른바 '뜬다' 하는 곳은 국세청이나 정부의 투기대책반이 항상 예

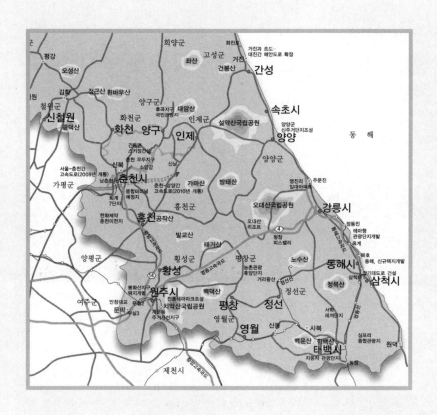

전철화 사업, 도로 건설에 따라 강원도의 신개발축으로 부상하고 있는 원주·춘천

동서고속도로 착공으로 서울까지 1시간 내 진입이 가능해지는 춘천시와 테마파크 및 산업단지 개발 등의 호재로 땅값이 크게 오른 남원주는 외지 투자자들의 관심이 어느 때보다 높아지고 있다. 땅값은 도로를 따라 오른다는 진리를 다시한 번 증명해 줄 것으로 보인다.

의주시하고 있어 잦은 토지의 매수나 매도는 꼼짝없이 조사 대상이 되는 경우가 많다. 최근 들어 충청권 땅투자를 위해 '꼼수'를 쓰다 망신살만 뻗친 채 세금을 추징당한 사례가 언론에 공공연하게 보도되고 있지 않은가.

결국 알짜 투자지역을 꼽으라고 한다면 향후 땅값이 오를 가능성이 높고 양도세 부담도 적어 투자자에게 이익이 많이 돌아갈 수 있는 곳이 으뜸이라고 할 수 있다.

땅투자 고수들은 언론에서 뜬다고 하는 지역이나, 누구나 생각할 수 있는 유망지역에는 관심이 없다. 특히 땅투자를 꾸준하게 해온 사람들은 장기적으로 발전할 가능성이 있는 지역에서 상대적으로 가격이 저평가된 매물을 발견하면 소문에 아랑곳하지 않고 소신 있게 투자를 결정한다. 결국 때가 되면 가능성이 현실로 나타나면서 가격에 반영되기 때문이다.

이 같은 관점에서 예의주시해 볼 만한 곳은 강원도 원주와 춘천이다. 한동안 땅값이 오르고 펜션 개발 붐이 일었던 평창은 동계올림픽 유치에 실패하고 2004년 7월부터 펜션에 대한 정부 규제가 시행되면서 오히려 거래도 뜸하고 저가 매물이 늘어나고 있는 상황이다. 반면에 원주와 춘천은 강원도의 주요 행정도시이자 교통의 요지이지만 떠들썩한 투자 바람이 불지 않아 입지가 좋은 지역을 중심으로 꾸준하게 가격이 올랐던 곳이다.

원주는 이미 구곡지구·단관지구 등 택지개발을 통해 주거단지 개발이 추진돼 왔다. 지리적으로 영동고속도로와 중앙고속도로가 갈라지는 분기점으로 원주는 경기도와 강원도, 충청북도로 통하는 교통의 십자로인 셈이다. 또 중앙선 복선화 사업이 추진되면서 원주는 유명무실한 수도권에 버금가는 교통여건을 갖출 전망이다.

원주는 토지투기지역이나 토지거래허가구역에도 해당되지 않아 2004년 들어 최고 50% 이상 땅값이 상승한 곳도 있는 것으로 현장에서는 보고 있다. 서울 강남에 자리한 기획부동산에서 추천하는 1순위 지역들 중 원주가 빠지지 않는 것도 바로 이 같은 이유 때문이다.

원주에 대한 기대감이 고조되는 이유는 기업도시 유치 가능성, 공기업 지방 이전, 의료기기 산업단지 조성 등을 내세워 호가가 오르고 있고, 특히 최근 개발호재가 많은 남서부권은 매물이 하루가 다르게 빠지고 있는 상황이기 때문이다. 2004년 초까지만 해도 평당 10만 원 수준이던 땅은 14만~15만 원으로, 평당 20만~50만 원 수준이던 땅은 평당 30만~70만 원선으로 뛰었다.

원주에서도 관심이 모아지고 있는 곳은 택지개발이 한창인 중앙고속도로 남원주 나들목 주변과 의료기기 산업단지를 조성 중인 문막읍 일대다. 아울러 남원주 나들목 주변 무실지구 일대의 개발 가능한 관리지역 땅값은 평당 100만~150만 원 이상 호가하고 있다. 문막읍 일대에선 관리지역 전·답이 2004년 초 대비 50% 이상 상승함으로써 평당 10만 원을 웃돌고 있다.

춘천도 도로 건설 및 교통망 개선을 통해 유망 투자지역군에 올랐다. 상대적으로 서울과 접근도로 여건이 좋지 않았던 춘천은 제2영동고속도로(동서고속도로) 서울~춘천 구간이 민자사업을 통해 2004년 7월 착공에 들어가 2008년 개통될 예정이다.

제2영동고속도로가 개통되면 춘천은 서울과 40분 내 접근이 가능한 곳으로 탈바꿈한다. 또 경춘선의 복선 전철화로 2009년경이면 전철로 서울에서 춘천까지 통행이 가능해짐에 따라 수려한 자연경관을 주제로 한 개발이 줄을 이을 전망이다. 또한 춘천 시내 미군기지 캠프 페이지의 이전이 2005년 확정됨에 따라 춘천역 도심 기본계획을 연계한 지역 개발이 가속화될 것으로 기대되고 있다.

원주와 춘천은 토지 거래도 비교적 자유롭고 기준시가로 양도세가 부과되고 있는 지역이다. 따라서 충청권 및 수도권의 규제지역을 피해 최근 투자자들의 발걸음이 몰려들고 있다. 하지만 땅값이 급등할 경우 토지투기구역 지정 등의 후속 대책이 뒤따를 것으로 판단된다. 그러므로 지금 이 지역에 관심을 갖고 있는 투자자들은 최소 3~5년의 장기투자 목적으로 접근해야 한다.

2

사야 할 땅
팔아야 할 땅

01

소액 투자자,
폭넓고 장기적인 안목으로 투자하라

소액 땅투자자들에게는 기다림과 인내의 전략이 필요하다. 한 발 먼저 움직인 만큼 가격이 움직이는 '그 때'를 기다릴 줄 아는 장기적 투자관점과 여유를 갖고 있어야 한다. 물론 자금이 부족한 만큼 발품을 파는 부지런함도 갖춰야 할 미덕이다.

"땅투자를 위한 종자돈은 얼마나 있어야 하는가?"라는 질문에 중개업자들은 대부분 2억~3억 원가량의 규모를 제시한다. 이는 어지간한 자금을 갖고 있지 않다면 땅투자에 나서지 말라는, 단숨에 기를 꺾을 만한 금액임에 틀림없다.

그도 그럴 것이 개발호재가 풍부하다는 수도권 신도시 지역이나 충청권의 경우, 쓸 만하다 싶은 땅은 최소 평당 40만~50만 원을 호가하기 때문이다. 농지나 임야 매물 또한 대부분 그 규모가 500평 이상이기 때

문에 대충 계산해 봐도 최소 2억 원은 손에 쥐어야 땅 투자에 관심을 가져볼 수 있을 듯하다.

물론 담보대출을 통해 초기 투자비용을 줄일 수는 있다. 하지만 땅은 아파트와는 달리 은행권 대출에서도 인색하다. 한국토지공사나 한국주택공사 등 공공기관에서 공급한 택지의 경우에는 시중 은행에서 분양가의 70%까지는 무난하게 대출받을 수 있다. 하지만 일반 토지는 그 사정이 영 다르다. 땅을 담보로 제1금융권에서 대출을 신청하면 공시지가를 기준으로 턱없는 상한액 수준에서 담보가치를 인정해 주거나 이런저런 이유를 대며 대출을 꺼릴 때도 많다.

땅은 모기지론이나 장기대출을 안고 집을 사는 경우

와는 판이하게 다르기 때문에 적어도 매매가의 80% 이상을 자기 자본으로 투자할 각오를 해야 한다. 이 같은 조건이 곧 이른바 '개미'들의 땅투자를 가로막는 걸림돌로 작용한다. 그러나 같은 지역이라도 땅의 현황에 따라 가격 면에서 크게 차이가 나게 마련이다. 또한 주택시장처럼 그 시세가 잘 드러나지 않기 때문에 부지런히 발품을 팔면 저렴하면서도 조건이 좋은 물건을 만날 수 있다.

재테크 방면에서 뛰어난 수완을 발휘해 온 유정훈씨는 소액 땅투자로 성공을 거둔 사례라고 할 수 있다. 고향이 충남 홍성군 갈산면 운곡리인 유씨는 2002년 1월 용인시 죽전지구 33평 아파트 분양권을 1,000만 원 정도의 프리미엄을 주고 매입했다. 기존에 분양을 받았던 친구에게서 목돈이 급히 필요하다는 얘기를 듣고 시세보다 낮게 프리미엄을 주고 친구로부터 분양권을 매입했다.

예상대로 수도권 집값이 오르고 분양권 전매가 활기를 띠면서 죽전지구 분양권 가격이 지속적으로 올라 3억 원에 육박했다. 프리미엄만 7,000만 원에 이르는 수준이었지만 정부가 분양권 전매 제한조치를 단행하기 시작하면서 주택시장이 곧바로 위축되는 기미를 보이자 그는 재빨리 물건을 내놓았다. 2003년 5월 말 죽전지구 아파트 분양권을 매도한 유씨는 그럭저럭 6,000만 원의 투자이익을 손에 쥘 수 있었다.

정부의 지속적인 집값 안정대책 발표 때문에 주택시장에서는 단기투자를 통해 성공할 수 없다고 판단한 유씨가 눈을 돌린 분야가 바로 땅이었다. 그의 고향인 홍성은 그 동안 땅값이 크게 오르지는 않았지만, 홍북리 일대가 충남도청 후보지로 거론되고 서해안고속도로가 개통되면서 최근 들어 땅값이 들썩거리기 시작했다.

서울에 살고 있어 농지 취득이 쉽지 않을 것으로 판단한 유씨는 고향에 계신 어머니 앞으로 명의를 이전키로 하고 홍북리 농지 400평을 사들였다. 시골에서 농사를 짓고 계신 어머니가 농지를 취득하고, 나중에 증여나 상속을 통해 그 땅을 물려받으면 그만이었다. 매입도 수월하고 세금 부담도 덜 수 있는 최선의 방법이었다.

2003년 그가 평당 12만 원에 사들인 홍북리 농지는 2004년 현재 평당 20만 원을 호가하고 있다. 크게 욕심 부리지 않고 여유자금 4,000만 원으로 시작한 땅투자에서 그는 4,000만 원가량의 수익을 거둘 수 있었다.

소액 투자자는 투자상품을 고를 수 있는 선택의 여지가 매우 제한된다. 따라서 투자자들이 몰리는 곳을 이리저리 따라가다 보면 자금에 쫓겨 좋지 않은 물건을 사들이는 경우가 많다. 어떤 지역이 뜬다고 해서 땅값도 반드시 오를 것이라고 착각해서는 안 된다. 눈을 크게 뜨고 폭넓은 시야를 통해 개발축이 어디에서 어디로 이어질지 충분히 살펴본 후 남보다 한발 앞서 움직일 때 비로소 땅투자에서 일정한 결실을 얻을 수 있다.

소액 땅투자자들에게는 기다림과 인내의 전략이 필요하다. 한발 먼저 움직인 만큼 가격이 움직이는 '그 때'를 기다릴 줄 아는 장기적 투자 관점과 여유를 갖고 있어야 한다. 물론 자금이 부족한 만큼 무르익은 정보를 기다리기보다는 발품을 파는 부지런함도 소액 땅투자자들이 갖춰야 할 미덕임에 분명하다.

땅도 사고 집도 산다
상식과 통념에 도전하라

부자는 발상전환(역발상)을 추구하고 일반인이 빠지기 쉬운 편견과 통념을 뒤집는 방법을 선호한다. 그러나 이를 실행에 옮기기란 정녕 쉽지 않다. 따라서 누구나 부자가 될 수 있지만, 아무나 부자가 되는 것은 아니다.

부자가 되고 싶다면 부자의 생각과 지혜를 배우라는 조언을 종종 들을 수 있다. 최근 베스트셀러로 떠오르고 있는 부자의 성공투자 비결을 담은 책들에서 강조하는 전략 중 하나는, 부자는 일반인들과는 사뭇 다른 길을 간다는 것이다. 즉 부자는 발상전환(역발상)을 추구하고 일반인이 빠지기 쉬운 편견과 통념을 뒤집는 방법을 선호한다. 그러나 이를 실행에 옮기기란 정녕 쉽지 않다. 누구나 부자가 될 수 있지만, 그렇다고 아무나 부자가 되는 것은 아니다.

1995년 초 결혼에 골인한 진성훈씨는 그야말로 톡톡 튀는 증권회사의 애널리스트다. 증권회사에 다니기 때문에 주식투자와는 떼려야 뗄 수 없는 관계다. 하지만 진씨는 주식투자 못지않게 부동산 투자에도 깊은 관심을 갖고 있다는 점에서 남다르다. 당시만 해도 주식투자자들은 자금의 유동성이 크게 떨어지는 부동산 투자에 주목한 사람들은 별로 없었다. 또한 1991년 이래 부동산 시장은 침체 분위기를 이어오고 있는 실정이었다.

능력은 있지만 변변한 자금도 없이 오직 젊은 패기와 두둑한 배짱으로 평생 반려자의 마음을 얻는 데 성공한 진씨는 결혼 후 5년 안에 33평 아파트를 장만하겠다는 '공약'을 내걸었지만 막상 3,000만 원짜리 다세대주택에서 전세를 살고 있는 현실에서 공약은 아주 먼 꿈처럼 느껴지기도 했다.

3,000만 원가량의 여윳돈을 주식에 투자하고 있던 진씨는 시세보다 저렴하게 부동산을 사들이기 위해 경매를 선택했다. 당시에는 경매에 대한 인기가 그다지 높지 않았고 설령 관심이 있는 사람이라도 아파트 등 단순한 주택 물건을 선호했다. 아무리 경매를 잘 활용한다 해도 3,000만 원으로는 33평 아파트 마련은 꿈도 못 꾸었기에 한번 자금을 튕긴 후 내집 마련에 눈을 돌리겠다고 그는 결심했다.

진씨는 법원 경매에 나와 있는 땅에 관심을 갖기 시작했다. 경매의 '경' 자도 모르는 초보자가 경매를 통해 땅을 사겠다고 나서자 주변의 만류가 극심했다. 진씨의 아내조차 그를 적극적으로 말렸지만, 그는 경매에 대해 꾸준한 관심과 정보를 얻으면서 나름대로 확신을 갖기 시작했다.

　경매에 관심을 갖기 시작한 지 1년여쯤 지난 1997년 초, 마침내 진씨는 각별한 물건을 발견했다. 대전시 노은동의 답이 그의 눈에 확 들어온 것이다. 400평가량의 작은 규모로서 노은2지구와 도로를 사이에 두고 접한 땅이었다. 인근에 그린벨트가 있고 규모가 작다는 점 때문에 투자자들이 입찰을 꺼려 여러 차례 유찰된 물건이었다.

　그린벨트였지만 이미 노은1지구가 개발된 데다 노은2지구도 1995년 2월 17일 택지개발지구로 지정되어 있어 앞으로 땅값 상승은 불 보듯 뻔한 일이었다.

　진씨는 3,000만 원에 입찰, 경쟁자를 물리치고 낙찰에 성공했다. 33평 아파트 마련을 위한 큰 종자돈이 돼줄 수 있을 것이라는 생각에 뿌듯한 마음을 감출 수 없었다. 하지만 주변에서는 착실하게 돈을 모아 아파트 전세로 늘려간 후 대출을 받아 25평 아파트라도 마련할 것이지, 미련하게 굳이 땅을 왜 사냐는 비난이 쏟아졌다.

　그러나 이 같은 주변의 우려는 오래 가지 않았다. 인근 중개업소에 내놓은 진씨의 물건은 생각보다 빨리 그 이듬해 새 주인을 만나게 된 것이다.

　진씨는 1,500만 원의 종자돈을 채 1년도 안 돼 6,000만 원으로 불린 셈이다. 그 후 진씨는 본격적으로 내집 마련 방법을 모색했다. IMF 관리체제로 들어서면서 1998년부터 아파트 값이 곤두박질치기 시작하자, 이 때다 싶었던 진씨는 1998년 10월 대전시 둔산지구 32평 아파트 분양권을 프리미엄 없이 사들이는 데 성공했다. 종자돈 6,000만 원과 전세보증금 3,000만 원을 보태니 32평 아파트를 자신의 명의로 이전할 수 있었다. 결혼 후 4년 만의 일이었으니 결혼 전 아내와의 공약도 1년이나 앞당겨 실현한 셈이다.

이제 더 이상 그의 아내도, 그의 친구들도 그를 비난하지 않았다. 오히려 그는 부동산 재테크 컨설턴트로서 주변의 부러움 섞인 시선을 한 몸에 받을 수 있었다. 다른 사람들과 같은 길을 가지 않았던 진씨의 톡톡 튀는 발상전환이 마침내 알찬 결실을 맺은 순간이다.

03

종자돈 불리는 재테크,
땅으로 갈아타라

앞으로는 땅투자를 통해 여유자금을 늘리고, 종자돈을 불리는 방법으로 땅투자를 선택하는 '멀티 플레이어' 투자자들이 늘어날 전망이다. 집을 늘려가기 위해 대출을 무리하게 받기보다 땅으로 갈아타서 목돈을 키우고 집을 사는 발빠른 투자자들이 늘고 있다.

천안시 쌍용동의 25평 아파트에 살고 있는 차병세씨는 천안 토박이다. 현재의 아파트에서 8년 이상 생활하다 보니 집도 많이 낡고 아이들도 성장해 적어도 32평 규모의 아파트로 이사를 가야 할 판인데, 마침 고속철도 건설이 시작되면서 천안 집값이 뛰기 시작했다.

차씨의 현재 아파트는 쌍용동에서도 가격이 가장 낮은 편에 속해 새 아파트로 옮기는 데 자금 부담이 만만치 않았다. 그럭저럭 대출을 받아 같은 단지 내 32평형으로 이사를 고려하던 중 불당지구 분양권이 눈에 띄었다.

고속철도 역세권으로 개발되는 불당지구는 당시 천안의 평균 집값에 비해 턱없이 비싼 수준이었다. 같은 단지 내 32평 아파트 시세가 2002년 7월경 8,000만~9,000만 원 수준이었는데 반해 불당지구의 32평형 분양권은 분양하자마자 프리미엄이 붙어 1억 5,000만 원선에서 거래되고 있었다.

아무리 생각해도 현재의 아파트에서 늘려간다면 투자이익을 크게 기대할 수 없을 것으로 판단한 차씨는 모험을 시도했다. 그는 현재의 아파트를 담보로 대출을 받아 불당동 H아파트 분양권을 매입했다. 분양 직후라 프리미엄은 500만 원으로 해결할 수 있었다.

고속철도 건설이 가시화되고 행정수도 이전이 대통령 선거공약으로 제시되면서 불당동 분양권 값은 천정부지로 솟아올랐다. 천안시청이 이전하고 고속철도 배후 후보지로 개발되는 불당동은 천안 수요자보다 외지 투자자들의 입김이 거셌다. 그 덕분에 차씨의 분양권 프리미엄은 8,000만 원을 웃돌았다.

그러던 중 2003년 봄 차씨는 서울 본사로 발령을 받았다. 천안과 서울은 한 시간 안팎의 가까운 거리라 서울까지 출퇴근하는 통근자들도 많았다. 그럭저럭 천안에서 계속 살 수도 있었지만 무엇보다 아이들 교육환경을 중시한 차씨는 서울 입성을 결정했다.

그러나 2002년부터 급등한 서울의 아파트값은 천안에 비할 바가 아니었다. 32평 아파트 전셋값이 천안의 매매값보다 높은 지역이 수두룩했다. 차씨는 다시 한번 모험을 감행했다. 2003년 봄 불당동 32평 아파트 분양권을 처분한 8,000만 원으로 땅투자에 나섰다.

그는 천안시 입장면에 자리한 전(田) 330여 평을 계약했다. 이 땅은 토지거래허가구역으로 지정돼 있고 농지취득자격증명서가 없는 상황에서는 농지 구입이 사실상 불가능했다. 하지만 그의 아내가 취미 삼아 그 땅에 김장용 채소 등을 가꾼다면 크게 문제가 되지 않았다. 그는 천안 토박이였기 때문에 영농계획서를 제출하고 토지거래허가를 신청하자 생각보다 쉽게 허가를 받을 수 있었다.

고속철도 개통이 임박하면서 천안의 땅값은 지속적으로 올랐다. 평당 25만 원에 매입했던 농지는, 규모는 작아도 전원주택지로 주목을 받으면서 평당 40만 원을 호가하는 황금의 땅으로 탈바꿈해 있었다. 1년 6개월 만에 5,000만 원 이상 땅값이 오른 셈이었다.

차씨는 은행 융자금 3,000만 원을 다 갚고 나서도 1억 원의 투자이익을 기대할 수 있게 되었다. 현재 시세라면 천안의 아파트와 입장면 땅을 팔아, 총 1억 9,000만 원의 현금을 손에 쥘 수 있게 된다. 여기에 3,000~4,000만 원 정도만 대출을 받으면 서울 외곽에 32평형 새 아파트를 마련할 수 있다.

하지만 그는 지금 당장 처분하기보다는 양도소득세 등의 부담 때문에 적어도 1년은 더 갖고 있다가 처분할 생각이다. 현재도 입장면 땅값이 꾸준히 오르고 있고 충청권 개발호재가 끊이지 않는 한, 이 같은 움직임이 최소 1년은 지속될 것이라는 판단 때문이다.

집을 늘려가기 위한 방법에는 여러 가지가 있다. 경매를 통해 저렴하게 구입하거나 분양을 받아 새 아파트로 옮겨갈 수도 있다. 그러나 이 같은 방법은 누구나 생각할 수 있는 매우 흔한 전략들 중 하나다. 앞으로는 땅투자를 통해 여유자금을 늘리고, 오를 가능성이 있는 아파트를 매입해 종자돈을 불리는 땅투자가 개미 투자자들에게 더욱 관심을 모으게 되지 않을까?

04

꿩 먹고 알 먹는
단독택지 분양

택지개발지구 내 점포 겸용 택지는 매달 안정적인 임대수입과 땅
값 상승에 따른 양도차익도 노릴 수 있어 1석 2조의 투자수단이
될 수 있다. 최근 단독주택용지의 인기과열로 앞으로 투기과열지
구 내에서는 단독택지의 분양권 전매도 금지된다.

2003년 말 광주에 사는 김용태씨는 상무4지구에 단독주택 용지를
계약했다. 상가 겸용 택지로서 입지가 좋은 곳을 1억 5,000만 원에 명
의 이전할 수 있었다. 김씨가 광주로 내려간 것은 1998년의 일이다. 다
니던 회사 사정이 어려워지면서 명예퇴직을 신청한 그는 고향인 광주
로 내려가 제2의 인생을 시작하리라 결심했다.

김씨에게는 분당 신도시의 아파트를 분양받아 분양가 대비 몇 배의
시세차익을 남긴 경험이 있었다. 그는 이 경험을 바탕으로 광주에서도

꽤 규모가 큰 일곡지구 내 32평 아파트를 입주 시점에서 분양권 형태로 매입·입주했다. 일곡지구 입주가 마무리되고 인프라가 갖춰지면 적어도 두 배는 오를 것이라고 내심 기대했다. 하지만 그토록 집값이 올랐다고 아우성이었던 2002년에도 광주시 아파트 값은 서울에 비하면 요지부동이나 다름없었다.

일부 지역에서는 분양가보다 낮은 가격에 매물이 나오는 경우도 흔했다. 김씨가 살고 있던 32평 아파트 매매가도 최고 1억 3,000만 원을 넘지 못했다. 김씨는 광주로 내려가 분당 아파트를 처분한 자금과 퇴직금으로 우선 살 집을 하나 장만하고, 나머지 돈으로는 임대사업을 해볼 요량이었다.

자금이 넉넉지 않아 수도권에서는 도저히 사업이 불가능한 상황이었기 때문에 비록 광역시이지만 가격이 저렴하면서 연고가 있었던 광주를 택한 것이다. 아파트 매매가는 오르지 않는 편이지만 전셋값이 상대적으로 강세를 보이는 것도 구미를 당기는 점이었다.

32평 아파트의 매매가가 1억 2,000만~1억 3,000만 원 수준인 반면 전셋값은 9,000만 원에 달해 매매가 대비 전셋값 비율이 70%를 크게 웃돌았다. 투자자들의 구매력이 떨어져 매매가는 크게 오르지 않는다 해도 임대수요는 충분히 있다고 판단했다. 그러나 2003년 10월 29일 주택시장 안정대책이 발표된 후 집을 두 채 이상 보유한 다주택자에게는 양도세나 보유세가 중과세될 예정이라 임대 사업자로 감면혜택을 받게 되는 5가구 이상을 매입하지 않는다면 높은 수익성을 기대하기 어려웠다.

고민 끝에 김씨가 내린 결론은 단독택지를 분양받는 것이었다. 상가 겸용 단독택지를 분양받을 경우 상가 임대료와 2층의 임대료를 매달 고정 수입으로 벌어들이고 자신은 3층에서 32평보다 더 넓고 여유 있게 생활할 수 있을 것이라 판단했다. 상가주택의 경우 집을 두 채 보유하더라도 구분등기가 되지 않아 실제 한 가구로 등재되므로 종합부동산세 등 보유세 부담을 줄일 수 있다.

특히 상무지구는 광주시청 이전 등의 호재로 광주의 신도시로 급부상하면서 최근 아파트 값이 광주에서 가장 강세를 나타내고 있다. 아울러 2003년 봄 광주지하철 1호선 1구간이 개통됨으로써 상무역을 중심으로 자

단지형 전원주택 부지로서 이미 조성을 끝낸 후 파는 택지는 가격이 비싸다는 단점과 함께 인허가에 소요되는 시간과 비용을 줄일 수 있다는 장점이 있다. 전원주택 용지를 물색하는 초보 투자자의 경우 향후 개발 가능성이 높은 입지라면 이미 조성돼 있는 택지를 분할 매입해 주택을 건립하는 것도 좋은 방법이다.

연스럽게 역세권이 활성화되고 있다.

또 광주시청이 입주하면서 공공기관과 금융기관이 속속 들어서고 있고 2005년에는 전시 컨벤션센터가 들어설 예정이라 임대수요가 더욱 늘어날 것으로 김씨는 예상하고 있다.

단독주택 용지 가운데 인기 지역을 꼽으라면 수도권 신도시를 빼놓을 수 없다. 일산이나 분당의 경우 분양가 대비 땅값 상승이 10년 동안 10배에 이르며 월 임대수입도 짭짤하다. 일산 백석동의 일반 주거지를 분양받아 3층짜리 상가주택을 지은 이순덕씨도 당시의 모험에 대해 만족할 만한 성과를 올린 사례다.

당시 마땅히 투자할 곳을 찾던 이씨는 청약통장으로 아파트를 선택하는 대신 단독택지를 분양받았다. 아파트는 안정적이지만 단독택지에 상가주택을 지을 경우 임대 수요가 많을지 검증이 어려울뿐더러 상가주택은 지어놓으면 가격이 곤두박질칠 것이라고 주변에서는 만류했다. 하지만 이씨는 정부가 계획적으로 건설하는 신도시이므로 어떻게든 인구를 유입할 수 있는 시설이 들어서면 자신의 구상이 성공을 거둘 것이라고 확신했다.

이씨가 분양받은 일산 백석동 8블록 일대의 상가주택은 입지에 따라 가격 차이는 있지만 매매가가 8억 원을 웃돈다. 여기에 1층 상가와 2~3층 주택의 월세 보증금이 1억 2,000만 원에 이르고 월세는 400만~450만 원선이라 연간 수익률을 계산하면 7%를 훌쩍 넘는다. 물론 땅값 상승에 따른 매매차익은 말할 필요도 없다.

이씨의 경우에는 입지가 좋은 곳이라 임대 걱정도 그다지 하지 않아도 되고 월세 수요도 꾸준하다. 백석동 8블록 일대의 웬만한 자리는 연 5~6%의 수익률을 보장받을 수 있다.

마이너스 예금금리 시대에 연간 5~6%의 안정적인 수입을 기대할 수 있다면 이보다 더 좋은 투자처가 어디 있을까? 게다가 땅값 상승에 따른 짭짤한 매매차익도 기대할 수 있어 단독택지 투자야말로 꿩 먹고 알 먹는 투자인 셈이었다.

단독택지는 어떻게 분양받을 수 있나?

택지개발지구에는 한국토지공사나 한국주택공사, 지방자치단체 등이 사업을 시행, 광역도로 · 상하수도 · 지역난방 · 전기 등의 기반시설과 상가 및 학교 등의 각종 생활시설을 체계적으로 조성한다. 따라서 주거지로서 입지 여건이 좋을 뿐 아니라 녹지나 공원 등이 들어서기 때문에 생활환경이 좀더 풍요롭고 편리해진다는 이점을 갖고 있다.

2003년에는 택지개발지구 내 단독택지 분양의 인기가 절정에 이르렀다. 남양주 호평지구는 57필지에 3,450명이 신청, 평균 60 대 1을 웃도는 치열한 경쟁률을 기록한 바 있으며 평내지구 또한 최고 300대 1이 넘는 높은 인기를 구가했다.

하지만 2003년 12월 4일 이래로 소유권이전 등기 전까지 분양권 전매가 금지된 탓에 단독택지 분양의 경쟁률은 다소 낮아질 전망이다. 특히 주거전용 단독택지의 경우에는 1층 상가와 같은 근린생활시설이 들어설 수 없기 때문에 실수요자들은 당첨 확률을 높일 수 있다.

단독택지 분양면적은 대체로 60~80평 수준으로, 평당 분양가격은 지역에 따라 차이가 크다. 2003년 6월에 분양한 평택 장당지구는 평당 150만 원선이었으며, 11월에 분양한 남양주 호평지구는 평당 310만 원대에서 거래되고 있다.

단독택지 신청자격은 대체로 1순위가 공급공고일 현재 해당지구 거주자로서 무주택 세대주이며, 2순위는 해당지역 거주자, 3순위는 일반 실수요자로 정해진다. 그러나 지구별로 자격기준이 조금씩 다르기 때문에 꼼꼼히 살펴봐야 한다. 2004년 주공과 토공은 2,623필지의 단독택지를 공급한다. 이 중 수도권 택지개발지구 물량은 955

2004년 하반기 단독택지 일반분양 계획

사업지구	필지 수	분양시기	사업주체
용인 죽전	50	9월	토지공사
김해 율하	560		토지공사
수원 율전	4		주택공사
함안 도항	150		주택공사
김포 장기	200	10월	토지공사
고양 풍동	199		주택공사
광주 동림2	144	11월	주택공사
진주 가좌2	143		주택공사
청주시 성화	50		주택공사
울산 구영	67	12월	토지공사
양산 물금1	70		토지공사
춘천 거두2	261		토지공사
거제 장평2	12		토지공사

가구다.

상가와 점포를 같이 지을 수 있는 점포 겸용 택지는 2004년 말 사실상 공급이 끝난다. 2003년 1월 28일 이후 개발계획 승인을 받은 택지지구 내 단독택지에서는 점포 겸용 주택을 지을 수 없기 때문이다. 또한 일반분양 단독택지의 경우에는 2003년 12월 4일부터 투기과열지구 내에서는 전면 금지되었다. 결국 수도권 알짜 택지지구 내 단독택지도 앞으로는 소유권 이전 등기 후에나 팔 수 있어 인기가 다소 주춤해질 전망이다.

05

이주자택지, 협의자 양도택지를
공략하라

안정 투자처를 바라는 투자자들에게 땅은 늘 관심 밖에 있어왔다.
그러나 땅도 땅 나름이다. 협의자 양도택지나 이주자택지는 안정
성을 확보하면서도 꽤 높은 수익률을 실현할 수 있는 '저위험·
고수익(low risk-high return)' 상품이 될 수 있다.

주식투자자들의 투자 패턴을 살펴보면 공격 성향을 가진 투
자자냐, 안정 투자를 원하는 투자자냐에 따라 투자종목을 선택하는 기
준과 매도·매수 시점에서 큰 차이를 나타낸다. 부동산 투자에서도 마
찬가지다. 안정을 중시하는 투자자는 가격 하락폭이 적은 주택 매입이
나 아파트 분양을 선호하고, 공격 성향의 투자자는 땅이나 경매를 통한
저가 물건 매수에 더욱 관심을 갖는다.

부동산 투자자들은 대부분 주택에 대해 누구나 쉽게 접근할 수 있는

상품이라고 생각한다. 하지만 땅에 대해서는 한결 부담스럽게 여기는 경향이 있다. 왜 그럴까? 여러 가지 이유를 종합해 볼 때 잘만 선택하면 땅투자가 주택보다 훨씬 높은 수익률을 실현할 수 있지만 안정성 면에서는 떨어진다는 점 때문이다. 자칫하면 자금이 묶일 수도 있고 개발이 제한되는 보호구역이나 맹지(도로에서 떨어져 접근이 어려운 땅)의 경우 가격이 오르기는커녕 눈엣가시가 될 수도 있기 때문이다.

따라서 안정 투자처를 바라는 투자자들에게 땅은 늘 관심 밖에 있어 왔다. 그러나 땅도 땅 나름이다.

협의자 양도택지나 이주자택지는 안정성을 확보하면서도 꽤 높은 수익률을 실현할 수 있는 '저위험 · 고수익(low risk-high return)' 상품이 될 수 있다.

2003년 12월 화성 동탄 신도시 내에서 한국토지공사의 협의자 양도택지 분양 후 땅에 일가견이 있다는 투자자들이 발빠르게 움직였다. 입지가 좋은 택지를 선점하기 위한 경쟁이 치열했기 때문이다. 협의자 양도택지나 이주자택지 분양권 전매가 가능해 토지상품으로는 드물게 단기차익을 누릴 수 있다는 것이 최대 장점이다.

협의자 양도택지의 인기가 급상승하면서 2003년 12월 4일, 정부에서는 투기과열지구 내의 경우 1회에 한해 분양권을 전매할 수 있도록 제한했다. 이에 따라 법개정 이전에 분양한 화성 동탄 신도시는 명의이전 후 6개월만 지나면 몇 번이라도 전매가 가능하지만 법개정 후 분양한 파주 교하지구의 경우에는 협의자 양도택지 분양권이라고 하더라도 1회에 한해서만 전매할 수 있다.

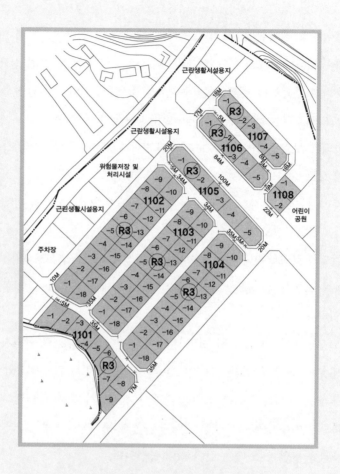

이주자택지 및 협의자 양도택지를 노려라

협의자 양도택지나 이주자택지의 경우 안정성을 확보하면서도 꽤 높은 수익률을 실현시켜줄 수 있는 저위험·고수익(low risk-high Return) 상품이 될 수 있다. 협의자 양도택지의 인기가 급상승하자 2003년 12월 4일 정부에서는 투기과열지구 내의 경우 1회에 한해 분양권을 전매할 수 있도록 제한했다. 이 그림은 파주교하 지구 내 협의자 양도택지 및 이주자택지 11블럭 토지이용계획도다.

분당에 사는 오지현씨도 여유자금 1억 3,000만 원으로 동탄 신도시에서 협의자 양도택지 투자에 나선 사례다. 협의자 양도택지는 점포 겸용약 70평 전후의 택지로서 신청자가 많아 추첨·분양되었다. 20~30m 대로변 코너의 경우 분양 후 프리미엄만 약 1억~1억 2,000만 원, 8m 도로 코너의 경우 8,000만~1억 원, 코너가 아닌 곳은 4,000만~8,000만원 수준에서 시세가 형성되었다. 그리고 분양대금은 계약 후 6개월마다 5회 분할납으로 지불하고 2007년 1월 완납 후 3층 건물을 지을 수 있는 상황이었다.

오씨는 계약금만 지불한 협의자 양도택지 분양권을 프리미엄 1억 원을 주고 2004년 초 매입했다.

오씨가 매입한 분양권에는 70평 기준 3억 1,000만 원 중 계약금 3,000만 원과 프리미엄 1억 원을 합해 총 1억 3,000만 원의 투자자금이 소요됐다.

그 후 중도금 1회분 정도를 납부하고 나머지 중도금은 은행에서 담보대출을 통해 빌렸다. 그리고 동탄 신도시 입주가 가시화되는 2006년 하반기에 되팔 계획이었다. 매입한 지 6개월 정도 지났는데, 이미 3,000만 원의 프리미엄이 얹혀진 채 거래되고 있기 때문에 토지 사용이 가능한 2006년 10월경에는 프리미엄이 더욱 치솟을 가능성이 크다. 중개업소에서는 화성 동탄지구의 경우 입주 시점에는 분양가가 평당 1,000만 원에 이를 것으로 내다보고 있다. 이 같은 분위기가 이어진다면 오씨와 같은 초기 분양권 투자자들은 불과 2년 만에 100% 투자수익률을 달성하게 되는 셈이다.

1회 전매가 가능한 파주시 교하지구의 경우 입지가 좋은 곳의 협의자 양도택지 분양가가 2억 8,000만 원이었으나 몇 개월 만에 프리미엄 1억 원이 붙은 3억 8,000만 원에 매물이 나와 있는 실정이다. 평당가가 550만 원선이지만 토지 사용이 가능한 2006년 말에 이르면 최소 평당 800만 원대에 이를 것으로 현장에서는 예측하고 있다.

　　일반 분양자보다 저렴하게 공급된 협의자 양도택지는 당연히 시세보다 싼값에 공급되었기 때문에 시세에 준한 수준의 프리미엄 형성은 이미 예고되어 왔다. 여기에 토지 사용이 가능한 시기가 임박하면 개발가치가 부가되므로 땅값 상승은 당연한 순리로 받아들여진다. 1년 6개월 만에 땅투자를 통해 50%가량의 수익을 기대할 수 있다면 이보다 더 안정된 고수익 투자가 또 어디에 있겠는가?

이주자택지와 협의자 양도택지, 알고 사자

최근 주택시장이 침체되고 땅투자가 각광받으면서 덩달아 뜨고 있는 것이 바로 이주자택지와 협의자 양도택지다. 이주자택지란 정부의 공영개발사업지구 내 기준일 이전 가옥을 취득 · 거주하고 있는 주택 거주자들에게 개발에 따른 주거대책 차원에서 공급된 택지를 뜻한다.

이주자의 경우 수도권 이외 지역에서는 해당 사업의 공람공고일 이전부터 보상계약 체결일까지 소유 · 거주하고 있는 경우, 이주자택지를 분양받을 수 있는 자격이 주어지지만 행정수도 이전 후보지의 경우에는 특별법에 따라 공람공고 1년 전부터 소유 · 거주한 사람으로 그 조건이 강화됐다.

반면 협의자 양도택지는 공영개발사업(공공용지의취득및손실보상에관한특례법 또는 토지수용법에 따른 협의) 추진시 토지 소유자들의 협의 보상을 유도하기 위한 일종의 인센티브 제도라고 할 수 있다. 지정공람공고일 이전부터 사업지구 내 토지를 소유해 온 자로서 모든 토지 및 지장물 등 협의한 토지면적 합계액이 1,000㎡(303평) 이상인 원주민에게 공급되는 택지를 말한다.

협의자 양도택지와 이주자택지 모두 택지의 공급 신청량이 계획된 단독택지 수량을 초과하는 경우에는 추첨으로 대상자를 결정한다. 따라서 택지를 분양받을 수도 있고, 그렇지 못한 사례가 발생할 수도 있다.

협의자 양도택지나 이주자택지로 공급되는 필지 면적은 1필지당 165㎡(50평)~230㎡(70평) 이하 규모로 공급토록 하고 있다. 또한 택지 공급가격은 조성원가의 80% 수준에서 결정된다.

10억 원 만드는 땅투자 전략
부동산을 떠받들지 말고 적극 활용하라

부자들의 부동산 재테크 사례에서 다시 한번 확인할 수 있는 것
은 유망 투자종목으로 땅에 각별한 관심을 기울였다는 점과 그저
묻어두는 투자보다는 상품에 따라 장기 또는 단기로 파는 시점과
사는 시점에 적절히 대응했다는 전략이다.

지난해부터 '10억 원'이 재테크의 화두로 떠오르고 있다. 한 인
터넷 업체의 설문조사 결과에 따르면, 우리나라에서 부자라는 소리를
들으려면 적어도 10억 원 이상의 자산을 보유해야 한다는 답변이 가장
많았다.

결국 10억 원은 부자를 향해 오늘도 땀 흘리며 하루를 보내는 샐러리
맨들의 가장 중요한 목표로 자리를 잡고 있다.

그러나 부동산을 포함한다면 10억 원을 갖고 있는 사람은 부자축에

들지 못한다. 굳이 타워팰리스를 들먹이지 않아도 강남 개포동이나 대치동의 40~50평형 아파트값은 10억 원을 훌쩍 넘기 때문이다. 그러나 부모가 재산을 물려주거나 로또 복권에 당첨되지 않는 한 전세부터 시작하는 샐러리맨이 집을 장만하고 또 10억까지 늘려가는 일은 결코 쉽지 않다.

10억 원 이상을 굴리는 부자들의 재테크 포트폴리오에는 항상 부동산이 포함되어 있다. 그 중에서도 자기 집 외에 몇십억 원대를 자산으로 보유하고 있는 이른바 진짜 부자들이 선호하는 투자종목에는 반드시 땅이 들어 있다. 그만큼 부동산은 잘만 선택하면 몇 배가 불어나는 고수익 상품이기 때문이다.

부모로부터의 특혜(?)가 아닌 자수성가형 부자들의 부동산 재테크 방법에는 크게 두 가지가 있다.

첫째, 땅을 사서 나름대로 개발을 통해 가치를 높이는 부류다. 자금이 많은 경우에는 토지 매입 후 오피스텔이나 상가, 골프연습장 등 매월 고정수입을 기대할 수 있는 수익성 부동산으로 개발하는 경우다.

분당에 사는 배인근씨는 수내동의 점포 겸용 택지에 상가주택을 투자해 성공한 사례다. 1993년 분당 개발 초창기에 입주한 배씨는 분당의 발전 가능성에 후한 점수를 주었다.

입주 초기에는 도로나 편의시설 등 인프라도 부족하고 여기저기 공사가 마무리되지 않아 입주자들이 다시 강남으로 'U턴' 하는 현상도 빚어졌지만, 점점 시간이 흐르면서 분당은 수도권 남부의 최고 주거타운으로서 발돋움하기 시작했다.

1994년 그는 환매처분 위기에 몰린 물건들이 쏟아져 나오자 비교적 싼 값에 단독택지를 매입할 수 있었다. 배씨는 이면도로에 접해 있는 입지의 단독택지에 지하 1층, 지상 3층의 상가주택을 지었다. 건축비 절감보다는 기능성을 감안한 과감한 투자로 상가 및 주택 임차인들 사이에서 커다란 인기를 모았다.

　배씨의 상가를 선호하는 임차인들이 늘면서 배씨의 상가주택은 주변 다른 곳에 비해 매매가도 높고 수익률도 지속적으로 상승했다. 현재 그는 매매가가 12억 8,000만 원에 이르는 상가주택의 소유자로 10억 원대 부자 반열에 들어섰다. 보증금 3억 2,000만 원에 평균 월세만도 200만 원에 이르는 안정적인 투자수익을 유지하고 있다.

　둘째, 스스로 끊임없이 새로운 투자상품을 모색하거나 중복투자를 통해 리스크를 분산하는 경우다. 토지의 경우 단기 투자로는 이익을 실현하기가 어려운 상품이다. 따라서 투자 유망지역의 땅을 매입하고 단기 전매가 가능한 분양권이나 재건축 아파트를 구입, 현금 유동성을 높이는 방법이 효과적이다. 또한 1990년대에는 입지가 좋은 지역의 아파트를 분양받고, 2000년 들어 재건축이 인기를 모을 때는 재건축에 투자하고, 아파트 분양권이나 주상복합 분양권으로 새로운 수익 모델을 창출한 다음 땅투자로 넘어오는 방식의 발빠른 투자유형도 드물지 않게 찾아볼 수 있다.

　부자들의 부동산 재테크 사례에서 다시 한번 확인할 수 있는 것은 부자들이 유망 투자종목으로 땅에 각별한 관심을 기울였다는 점과 그저 묻어두는 투자보다는 상품에 따라 장기 또는 단기로 파는 시점과 사는 시점에 적절히 대응했다는 전략이다.

아직 10억 원을 꿈꾸는가?

그렇다면 부동산을 떠받드는 사람이 아닌, 부동산을 이용할 줄 아는 현명한 투자자가 되어야 할 것이다.

3

서둘러 사고
천천히 팔아라

01

여유가 있다면
큰 땅을 사라

아파트도 대형 평형이 오를 때는 더 많이 오른다. 땅도 오르는 상
황에서는 큰 땅을 갖고 있는 편이 훨씬 더 많은 이익을 남길 수
있다. 또 큰 땅을 갖고 있으면 훗날 다른 용도로 개발이 가능해
건설업체 등과 같은 대기업들이 매수자로 나서는 경우도 있다.

펜션이 각광받던 2001년, 펜션 사업에 뛰어든 한상철씨. 평소 여행
을 즐기던 그는 여행지에서 만난 사람들과 펜션 업체 사장과의 면담을
통해 자신의 사업에 대해 확신을 가졌다.

앞으로 주5일 근무제가 정착되고 국민소득이 늘어나는 만큼 레저 산
업의 규모가 더욱 확대될 것으로 전망한 한씨는 다니던 회사를 과감하
게 그만두고 퇴직금으로 땅 매입에 나섰다.

고급주택은 아니었지만 살 집은 장만했기 때문에 퇴직금을 사업 밑

임야는 활용범위가 크지만 덩치가 큰 매물이 대부분이라 초보자가 섣불리 투자에 나서기에는 부담스러운 종목이다. 일반적으로 경사도가 너무 심하거나 도로에 인접하지 않은 땅은 활용가치가 크게 떨어져 투자 메리트가 적다.

천 삼아 본격적으로 투자사업을 펼쳐볼 요량이었다. 물론 회사를 그만둔 탓에 막막해진 가계 걱정으로 그의 아내는 적극 반대했지만, 한씨는 인생의 마지막 모험이라 판단하고는 가진 돈을 모두 사업에 '올인' 했다. 아내가 초등학교 교사로 재직 중이었기에 한씨에게는 경제적 부담을 그나마 덜 수 있다는 장점 또한 있었다.

한씨가 주목한 땅은 제주도였다. 그는 교통 비용이나 시간 부담이 크지만 일단 제주도에 방문한 사람은 기본적으로 2~3일가량 머물기 때문에 주중 공실률을 줄일 수 있다고 판단했다.

또한 제주도는 1년 내내 신혼부부를 비롯해 관광객들로 붐비는 세계적 휴양지인데다가 국제적으로 경쟁력 있는 관광도시로서의 개발도 기대되는 곳이라는 점도 놓칠 수 없는 장점이었다.

한씨는 먼저 인터넷과 전화번호부를 뒤져 제주도에서 영업 중인 중개업소들에 전화로 문의를 해보았다. 중개업소들은 얼굴을 확인하지 못하는 전화상담에 그리 친절하지 않았고 제시해 주는 시세 또한 천차만별이었다.

별 수 없이 한씨는 제주도행 비행기에 몸을 실었다. 아예 땅을 계약할 때까지 그 곳에 머물다가 올 생각이었다.

제주도에 도착한 즉시 그는 지도를 들고 여기저기 헤집고 다녔다. 부동산에 대해 그다지 해박한 식견도 없는 상황에서 처음에는 판단이 잘 서지 않았다. 그러나 사흘가량 돌아다니다 보니 제주도 땅값이나 현황 등이 조금씩 눈에 들어오기 시작했다.

당시에는 제주도 땅값이 한참 오르던 터라 서울에서 땅을 매입하기 위해 내려온 '원정대'도 있었다. 연고도 없는 제주도를 뒤지고 다닌 지 7일째 되던 날 한씨는 북제주군 구좌읍 내 한 식당에서 제주도 토박이인 주인과 친분을 맺게 되었다.

사정 얘기를 들은 식당 주인은 과수원을 내놓은 주변 원주민을 소개해 줬고, 한씨는 평당 10만 원에 계약을 했다. 2개 필지로 나뉘어 있던 땅으로서 1,100평에 달했다. 한씨는 땅 매입비용으로 5,000만 원가량을 예상했지만, 막상 현지에서 땅을 보자 슬며시 욕심이 났다. 당초 예상의 두 배 이상을 땅 매입비용으로 지출해야 하는 상황에서 망설였던 한씨는 결국 2개 필지를 모두 계약했다.

지금 당장은 부담스럽지만 땅값이 지속적으로 오르고 있는 터라 장차 그 매매차익만도 적지 않고, 2개 필지로 나뉜 땅인 만큼 나머지 1개 필지는 상황에 따라 팔 수도 있을 거라 생각했다.

한씨는 땅 매입 후 펜션 건축허가를 위해 몇 개월에 걸쳐 동분서주하는 동안 땅값이 올라 1개 필지를 평당 18만 원에 팔 수 있었다. 2001년 이후 제주도 땅값 상승세가 다소 주춤해지면서 다른 지역보다 이익은 크지 않았지만 은행 금리와는 비교도 할 수 없는 짭짤한 이익을 1년 만에 거둘 수 있었다.

아파트도 대형 평형이 오를 때는 더 많이 오른다. 땅도 오르는 상황에서는 큰 땅을 갖고 있는 편이 훨씬 더 많은 이익을 남길 수 있다. 또 큰 땅을 갖고 있으면 훗날 다른 용도로 개발이 가능해 건설업체 등과 같은 대기업들이 매수자로 나서는 경우도 있다.

토지 분할을 실시하면 큰 땅을 쪼개 팔 수도 있다. 따라서 너무 작아 효용가치가 떨어지는 땅보다는 큰 땅이 쓰임새 면에서는 훨씬 효과적이다.

그러나 덩치가 큰 땅은 비용 부담 때문에 투자할 대상이 제한되므로 나중에 팔 때 쉽지 않다는 점에 유념해야 한다. 입지가 좋은 곳이라면 큰 땅이 효자 노릇을 하지만, 그렇지 않다면 '뜨거운 감자'가 되기 십상이기 때문이다.

지적상 도로
VS 현황도로

지적도와 현황이 다른 경우는 쉽게 찾아볼 수 있는 사례다. 지적도에 도로가 있고 현황도로가 없는 경우라면 협의를 통해 도로를 새롭게 만들 수 있다. 하지만 지적도에는 없고 현황도로만 있는 경우는 문제 해결이 쉽지 않다.

누구나 한번쯤 각박한 도시 공간에서 벗어나 풍광이 아름다운 전원 속에 보금자리를 마련하고 싶다는 생각에 젖어본 적이 있을 것이다. 하지만 이 생각을 실천에 옮기는 사람과 그저 마음 속 꿈으로만 간직하는 사람 사이에는 결단력에 있어 커다란 차이를 나타낸다.

답답한 도시를 벗어나 전원 생활을 꿈꿔 왔던 김용택씨. 2000년 들어 김씨는 자신의 꿈을 현실로 만들기 위해 본격적으로 땅을 보러 나섰다. 평일에는 회사업무 때문에 좀처럼 짬을 내기 어려워 주말 시간만을 활용하다 보니 3개월이 지나도록 마땅한 땅을 찾기가 어려웠다.

그러다가 4개월째 들어 문득 생활정보지 광고에서 싼 물건을 발견했다. 남양주 진접읍 내 농지가 평당 15만 원에 나온 것이다. 총 380여 평으로 세금까지 감안해도 6,000만 원이면 살 수 있는 물건이었다. 김씨가 주변 중개업소에서 알아본 이 일대 농지의 평균 평당가는 최소 30만 원 이상이었다.

김씨는 매도자를 현장에서 만나 함께 답사를 실시했다. 넓지는 않지만 4m쯤 돼 보이는 농로도 접해 있어 맹지는 아니라고 판단했다. 매도자가 오늘 중 계약하지 않으면 다른 사람에게 팔 계획이라고 재촉하는 바람에 김씨는 토지계획확인원조차 살펴보지 않은 채 100만 원을 주고 가계약을 체결했다.

이튿날 김씨가 해당 부지의 관련 공부를 확인해 본 결과 분명 도로에 접한 농지였지만 지적도상에는 도로가 나 있지 않은 맹지였다. 다시 현장에 가서 동네 사람들을 통해 알아본 결과, 인접한 과수원에서 농로로 사용하기 위해 임시 포장을 해놓았는데, 그 땅 또한 과수원 주인의 소유라는 것이었다. '싼 게 비지떡'이라더니 결국 이유가 있었던 셈이다. 꿈에 그리던 전원주택은커녕 쓸모없는 농지에 퇴직금 전부를 묻어둘 뻔한 2000년의 일을 그는 아직도 잊을 수 없다.

현황도로는 있으나 지적도상 도로가 없는 경우에는 사실상 도로를 만들기 쉽지 않다. 따라서 이 같은 땅은 차라리 사지 않는 편이 낫다. 그렇다면 지적도상에는 도로가 있으나 현황도로가 없는 경우에는 어떨까?

분당에 사는 이유성씨는 경기도 광주시 초월읍에 전원주택을 짓기 위해 마땅한 땅을 물색하던 중 전원주택 건축업자인 친구에게서 농지(400평 규모)를 소개받았다. 그는 중개업자의 개입 없이 주인으로부터 직접 매수하는 땅이라 시세보다 평당 5만 원 정도 싸게 달라고 요구했다. 그런데 해당 부지를 살펴보니 도로가 없는 맹지였다.

혹시나 싶은 마음에 확인해 본 결과 지적도상에는 도로가 있는데, 현황도로는 없는 상태였다. 이씨는 계약 전 매도인에게 이 사실에 대해 따져 물었더니 원래는 도로가 있었는데 하천부지를 정리하면서 없어졌다는 설명이었다. 일단 지적도상 도로가 있다면 다시 도

국도 옆 도로에 접해 있는 토지는 개발에 따른 가치 상승폭도 크지만, 도로 확장 계획 또는 계획도로 신설에 따라 부지의 일부가 도로건설 부지로 편입되는 경우도 있다.

로를 만들 수 있을 것이라 생각한 이씨는, 매도인이 현황도로를 만들어
주는 조건으로 계약을 체결했다.

　지적상 도로에 해당하는 곳이 현재 이씨가 매입한 땅과 인접한 복숭
아 농장에 포함돼 있어 매도자가 농장 주인과 협의, 싼값에 그 땅을 매
입해 지적도대로 도로를 내주었다. 이씨는 계약 당시 이 점을 꼼꼼히
짚어낸 다음 계약서에 명시했기 때문에 '손 안 대고 코 푼 격'으로 싼

따 · 져 · 보 · 는 · 부 · 동 · 산 · 상 · 식

지적도상 지번이 있으나
토지대장 등에 지번이 없다면?

중동에 사는 이경숙씨는 화성시 동탄지구에서 최근 2개 필지의 땅을 매입했다. 계약
후 구입한 땅의 지적도 등 공부를 자세히 살펴보니 한 필지에는 하등 문제가 없었다.
하지만 다른 한 필지의 경우 지적도상에는 지번이 있지만 토지대장 및 부동산등기부
에는 없는 지번이었다. 이 같은 경우 다른 문제는 없을까?
우리나라는 아직 공부상 지번이나 용도 등이 일치하지 않는 땅이 많다. 이씨와 같은
경우라면 관할 시·군·구청, 즉 화성시청에 해당 토지의 토지대장 및 부동산등기부
미등재 사유를 먼저 문의해 봐야 한다. 경우에 따라서는 지적정리시 오기 내지 토지
대장 정리시 누락 등의 원인으로 밝혀지는 사례가 종종 있기 때문이다. 그러나 확인
후에도 답을 얻을 수 없는 경우에는 소유권확인청구소송을 제기해 소유권 확인 후
공부를 정리하면 된다.

값에 땅을 매입할 수 있었다.

지적도와 현황이 다른 경우는 쉽게 찾아볼 수 있는 사례다. 지적도에 도로가 있고 현황도로가 없는 경우라면 협의를 통해 도로를 새롭게 만들 수 있다. 하지만 지적도에는 없고 현황도로만 있는 경우는 문제 해결이 쉽지 않다. 그러나 그 현황도로가 농로가 아닌 콘크리트 포장도로라면 현황을 감안해 건축허가를 받는 경우도 있다.

지적도는 땅의 신상기록부와도 같다. 지적도에는 땅의 소재, 지번, 지목, 경계도면의 색인도 · 제명 및 축척, 도곽선 및 도곽선 수치, 좌표를 통해 계산된 경계점 간 거리 등이 등록된다. 건강한 신체의 소유자인지 판단하는 것이 신상기록부라면 지적도는 제대로 된 땅인지를 가늠할 수 있는 근거다. 지적도를 꼼꼼히 챙겨보는 것은 땅투자자가 반드시 거쳐야 할 과정이다.

03

서둘러 사고
천천히 팔아라

부동산은 지역적·미시적 영향이 큰 종목이다. 예를 들어 시장 평균 가격은 하락하고 있다고 해도 유독 내가 보유한 땅은 여러 호재에 의해 지속적으로 그 값이 오를 수 있다. 이 때 조급하게 팔겠다고 나서는 것은 어리석은 일일 수도 있다.

노후를 위한 재테크에 관심이 많은 홍영순씨는 2002년 주식투자로 5,000만 원을 날린 후 한창 뜨고 있던 부동산으로 투자종목을 선회했다. 홍씨가 눈여겨 본 것은 매매가 쉽고 세금 부담도 적은 아파트 분양권이었다. 싼 곳보다는 비싼 곳이 더 오를 것으로 생각한 홍씨는 2002년 3월 강남구 대치동 D아파트 분양권을 9억 원에 매입했다.

홍씨 혼자만의 자금력으로는 부담스러웠던 터라 친한 고교 동창 5명과 공동투자 형식으로 시작했다. 예상대로 대치동 지역 분양권은 가파른 상승세를 보이며 2003년 7월 11억 원을 호가했다. 1년여 만에 2억 원이 오른 것이다.

집값이 계속 오르자 정부에서는 각종 부동산 안정대책을 발표했고 발빠른 사람들은 홍씨에게 땅투자를 권유했다. 홍씨와 친구들은 11억 원에 분양권을 팔고 토지시장으로 눈을 돌렸다. 분양권 가격이 올라도 너무 올라 덜컥 겁이 났을뿐더러 정부에서도 잇따라 규제대책을 내놓을 것이라는 얘기 또한 심심찮게 나돌았기 때문이다.

엉겁결에 땅투자에 입문한 홍씨와 그 친구들은 이른바 '뜬다'는 지역을 누비고 다녔다. 분양권 매매로 벌어들인 2억 원의 투자수익을 묻어둘 만한 곳을 꼼꼼하게 물색했다. 어차피 기대치 않게 얻은 투자이익인 만큼 손해를 본다 해도 원금은 고스란히 남는 셈이기 때문에 부담 없이 땅을 선택했던 것이다. 홍씨와 친구들은 파주나 이천 등 언론에서 한 번씩 소개된 곳은 여행 삼아 현장답사를 실시했다.

이곳저곳 다니다 보니 꽤 괜찮은 땅이 눈에 들어왔다. 가격도 2억 원 정도여서 투자하기에도 안성맞춤이었다. 하지만 5명이 공동투자를 하는 것이라 의견 조율이 쉽지 않았다. 항상 3명이 사자고 적극 나서면, 나머지 2명은 반대해 의사결정이 한 박자씩 늦었다. 이를테면 파주의 좋은 땅을 보고도 여주·김포·화성 등지를 차례차례 방문하고 난 후 2주 만에 다시 중개업소를 찾아가면 이미 그 땅은 다른 사람에게 넘어가 있는 상황이었다.

그 후에도 홍씨 일행은 용인 지역 땅을 시간을 끌다가 결국 다른 사람에게 뺏기는 등 지나친 신중함과 망설임 때문에 유망 지역 땅을 고르

토지 가격을 한 마디로 잘라 가늠하는 것은 어려운 일이다. 같은 지역의 같은 지목이라도 도로에 접했는지 여부나, 바다나 강을 조망할 수 있는 입지냐 아니냐에 따라 가격이 천차만별이기 때문이다. 사진은 전원주택지로 인기가 높아지고 있는 강화도 양도면 길정저수지다. 조망권이 확보된 토지는 조망권이 확보되지 않은 땅에 비해 가격이 평당 20만~30만 원 비싸게 형성돼 있다.

는 데 번번이 실패했다. 2004년 3월 필자와 만났을 때도 여전히 유망 지역을 물색하고 있었다.

땅은 정해진 가격이 없는 만큼 오르는 속도도 빨라 고수들은 오르는 시기에 땅을 사는 데 오랜 시간을 들이지 않는다. 마냥 시간을 끈다고 해서 땅값이 더 오르는 것이 아님은 자명하다. 또한 적절한 결정을 내리지 못한 채 망설이는 사람을 기다려줄 만한 중개업자나 매도자 또한 없다. 물론 투자대상에 대한 충분한 검증과 현장답사를 통해 투자 가능성을 판단해야 함은 두말 하면 잔소리다.

그렇다면 땅은 얼마나 갖고 있다가 파는 것이 좋을까. 땅이 장기투자 종목이라는 데에는 대체로 이견이 없다. 하지만 얼마나 긴 시간을 요구하는지에 대해서는 땅을 살 사람이나 땅을 팔 사람이나 고민스럽기는 마찬가지다.

부동산은 지역적·미시적 영향이 큰 종목이다. 예를 들어 시장 평균 가격은 하락하고 있다고 해도 유독 내가 보유한 땅은 여러 호재 때문에 지속적으로 그 값이 오를 수 있다. 이 때 조급하게 팔겠다고 나서는 것은 어리석은 일일 수도 있다. 하지만 언제 사고, 언제 팔아야 하는지에 대해 정답이란 없다.

그러나 굳이 가이드라인만을 제시한다면 최소 3년은 갖고 있으라고 조언해 주고 싶다. 단기 매매를 통해 많은 이익을 본 경우도 있지만 현재는 사정이 좀 다르다. 땅투자 붐이 일어나면서 국세청이 땅 투기자들에 대해 눈에 불을 켜고 있다. 국세청의 단속대상 1호는 역시 1년 이내의 단기 전매자들이다. 털어서 먼지 안 나는 사람이 있으랴. 세무조사나 자금출처 조사를 받으면 예전에 부동산 거래를 하면서 세금을 적게 낸 것까지 드러나기 때문에 세금 추징을 당하는 것은 기본이다.

현재는 토지투기 지역에 대해 양도세를 실거래가로 부과토록 하고 있다. 하지만 어차피 2004년 말 중개업법이 개정되면 2005년 7월부터 모든 부동산 거래에 대한 계약금액 신고 의무를 지게 되고 머잖아 부동산 과세기준이 모두 실거래가로 정착될 전망이다. 따라서 장기 보유에 따라 공제를 받지 못하면 땅값이 오른 만큼 세금으로 환수되기 때문에 내 주머니에 남는 돈은 매우 적어지게 마련이다.

04

집을 지어 팔까,
그냥 팔까

남양주시와 같이 토지투기 지역으로 지정이 되면 자산의 양도로
발생하는 양도세를 실거래가로 내야 하기 때문에 높은 수익을 기
대하기 힘들다. 이런 경우에는 주택투기 지역의 여부를 확인해서
집을 지어 파는 것도 한 방법이 될 수 있다.

면목동에 사는 이경춘씨는 2002년 9월 남양주시 오남면에 있는
준농림지, 지금의 관리지역 토지 400평을 매입했다. 이씨는 당초 이 땅
을 투자 목적으로 구입한 터라 3년쯤 갖고 있다가 적정 시기에 팔 계획
이었다. 이씨의 땅은 전원주택지로 인기가 높은 곳이라 종종 중개업소
에서 전원주택 부지로 팔라는 권유를 받은 적이 있었다.

2003년 부동산 경기가 과열되면서 정부 당국은 투기와의 전쟁을 선
포하고 국세청 세무조사를 강화했다. 매입한 지 1년도 지나지 않아 팔

면 양도세율도 50%나 되고 자칫 자금출처 조사의 대상이 될 수도 있기 때문에 매도 의뢰에 응하지 않았다. 소나기는 피해가라는 말이 있지 않은가. 정부가 대대적인 단속에 나선 마당에 굳이 이에 맞설 필요는 없다고 생각한 이씨는 오랜 경험을 통해 나름대로의 원칙을 갖고 있었다.

그러나 2004년 2월 26일부로 남양주시가 토지투기 지역으로 지정되었다. 주택시장이 위축되면서 땅투자 열풍이 불자 택지개발 및 도로 확장, 중앙선 전철화 사업이 진행되고 있는 남양주의 땅값도 크게 출렁이기 시작했다. 이에 정부가 서둘러 토지투기 지역으로 지정한 것이다. 쓸데없이 정부의 단속대상이 되는 것을 피하기 위해 매도 시점을 늦췄는데, 갑자기 토지투기 지역으로 지정되는 바람에 양도세를 실거래가로 내야 할 판이었다.

이씨는 세무사를 찾아가 상담을 했다. 남양주시는 2004년 2월 26일을 기준으로 토지투기 지역으로 지정됐지만 주택투기 지역은 아니다. 따라서 주택의 경우 실거래가가 아닌 기준시가를 바탕으로 양도세가 부과된다. 이씨처럼 단순토지를 취득해 주택을 지어 양도하는 경우에는 1년 이상 보유시 기준시가에 준해 양도세가 부과된다. 물론 팔기 전에 남양주시가 주택투기 지역으로 추가 지정된다면 그 시점부터 주택 또한 양도소득세가 실거래가로 과세된다.

최근 들어 남양주시의 경우 주택가격 하락폭이 크고 미분양 신규 아파트 또한 늘어나고 있는 상황이다. 전반적으로 2004년 하반기에도 주택가격이 하락 또는 약보합세를 보일 것으로 전망되고 있어 단시일 내에 남양주시가 주택투기 지역으로 지정될 가능성은 낮다.

결국 이씨는 집을 지어 파는 방법을 선택했다. 다행히 이씨가 매입한 땅은 쉽게 건축허가를 받을 수 있다는 이점이 있어 주택 건립을 위한 전용허가 절차에는 그다지 오랜 시간이 필요치 않을 듯하다. 유난히 덥다는 2004년 여름 이씨는 넉넉한 전원주택을 짓기 위해 동분서주하고 있다. 집을 짓다 보니 땅에 대한 애착도 생기고 집에 대한 애정도 깊어지는 듯하다. 어쩌면 이씨는 이 집이 완공된 후 남양주에서 새 보금자리를 만들게 될지도 모르겠다.

05

맹지 투자는
맹목적이다?

맹지는 가격이 저렴한 만큼 여러 가지 문제의 소지를 안고 있다.
토지 소유주와의 타협이나 협상이 잘 이뤄진다면 도로를 개설해
가치 있는 땅으로 개발할 수 있지만, 그렇지 못할 경우 맹지는
그저 맹지일 뿐이라는 점에 유념해야 한다.

주택시장이 냉각되면서 새 투자처를 찾던 강봉철씨는 신도시
건설과 LCD 공장 건설 등의 호재로 가파른 땅값 상승 움직임을 보이고
있는 파주시로 눈을 돌렸다. 아무래도 신도시 주변 지역이 개발에 따른
부가효과를 가장 많이 기대할 수 있을 것이라 여긴 강씨는 교하 신도시
주변 땅을 사들였다.

땅투자 초보자인 강씨는 사전에 관련서적이나 주변 사람들의 조언을
바탕으로 기본 지식을 쌓은 다음 투자에 나섰지만 막상 현장에서 부딪

혀보니 이론과 실제가 일치하지 않는 경우가 많았다. 자금이 넉넉지 않았던 그는 저렴한 땅을 물색하던 중 부동산 인터넷 사이트에서 시세의 절반 값에 나온 매물을 발견했다.

곧바로 중개업소에 전화를 걸어 확인해 보니 지목은 전이었고 도로에 접하지 않은 맹지라 가격이 저렴하다는 설명이었다. 그러나 맹지라고 해서 모두 쓸모없는 땅이겠는가. 중개업자와 함께 해당 부지를 답사해 보니 맹지이긴 하나 사유지에 수십 년 간 농로로 이용되던 2~3m 폭의 비포장 도로가 있어 도로사용허가만 얻으면 될 것 같았다.

단순한 물건이 아니라는 점이 초보 투자자의 입장에서는 마음에 걸렸지만 농로 주인과 협상만 잘 하면 도로를 만들 수 있고, 또 실제로 그렇게 해서 성공한 사례도 많다는 중개업자의 설명을 듣고 난 후 계약서에 도장을 찍었다. 그러나 강씨는 주변 사람들로부터 "싼 물건에는 그만한 이유가 반드시 있거늘, 맹지인 줄 알면서도 왜 무모하게 계약을 했느냐?"라는 비난을 피할 수 없었다.

사태의 심각성을 직감한 강씨는 수소문 끝에 겨우겨우 농로 주인에게 전화를 걸어 도로사용허가에 대한 양해를 구했다. 그러자 농로 주인은 자신의 사유지 한복판에 도로가 나 있어 마침 그 길을 막으려고 했던 참이라며 심하게 반발했다. 그러나 이미 오래 전부터 농로로 사용해왔기 때문에 설령 주인이라 할지라도 임의로 그것을 없앤다면 강씨가 매입한 땅과 그 주변의 논들은 도로 통행이 막혀버려 농사를 지을 수 없는 형편이었다.

기본적으로 농지와 공로 사이에 통로가 없어 농사를 짓거나 밭작물

재배 등 해당 토지의 용도로 활용할 수 없는 맹지는 주변 토지로 통행할 수밖에 없거나 통로를 개설하지 않으면 도로 출입이 불가능하다. 이 같은 경우에는 불가피하게 주변 토지를 통행하는 것도 허용되고 필요하다면 통로를 만들 수 있도록 법에서는 보장하고 있다.

맹지 소유자는 그 주변 토지를 통행할 수 있는 권한을 갖고 있다. 따라서 주변 토지 소유자가 막무가내로 농로의 통행을 막는 것은 그 행위 자체가 위법이다. 그러므로 먼저 농로 주인에게 이와 같은 상황을 충분히 알린 다음 통행할 수 있도록 잘 타협을 해야 한다. 만일 타협이 이루어지지 않을 경우에는 법원에 주위토지통행권확인소송을 제기할 수도 있다.

광주시 초월읍 소재의 구 가옥이 있는 대지로 도로에 인접해 있어 전원주택 용도로 건축허가가 용이하다. 토지의 현황이 좋고 건축 허가가 용이한 땅이라 가격도 인근 다른 대지에 비해 가격이 비싼 편이다.

주변 토지 소유자가 통행을 방해하는 철조망을 치거나 공사를 방해하는 경우에는 통행방해 금지 및 철조망 등 방해물의 철거를 요청하는 가처분신청을 법원에 제기함으로써 통행권을 확보하는 사례도 가끔 찾아볼 수 있다. 물론 주변 토지 소유자의 피해를 가장 줄일 수 있는 방법

따·져·보·는·부·동·산·상·식

국가 소유 땅에 인접한 맹지는 도로 개설이 가능할까?

김인태씨는 주말농장 목적으로 전(田) 292평을 매입했다. 물론 그의 마음 속에는 이 땅의 향후 투자가치에 대한 기대감도 들어 있었다. 그러나 김씨가 매입한 땅은 맹지였는데, 몇 년 동안 이용되어 온 2.5~3m 폭의 농로가 있었다. 농로 주인이 동의해 준다면 사용 가능할 것이라는 얘기를 듣고 토지대장을 확인해 보니 그 소유주가 다름 아닌 국가(재정경제부)로 되어 있었다.

김씨와 같이 농로의 소유주가 국가일 경우에도 마찬가지 원칙이 적용된다. 즉 농로 개설에 따른 대가를 지불하면 된다.

맹지라도 구거(도랑)가 인접해 있는 경우라면 진입로 개설도 가능하다. 물론 수로관을 묻고 도로를 개설하는 것은 지자체 소관 업무이므로 사전 협의가 필요하다. 하지만 원칙적으로 지자체에서 집행해야 할 사안에 대해 개인이 비용을 들여 도로를 개설한다면 이를 반대할 지자체는 많지 않을 것이다. 다만 구거에 접한 다른 토지 소유주들이 반발하거나, 그로 인해 다른 피해가 발생한다면 가능성은 더 낮아진다.

으로 통행로를 개설하고, 그에 상응하는 대가는 반드시 지불해야 한다.

결국 농로 주인과의 타협점을 찾지 못한 강씨는 주변 농지 주인들과 함께 주위토지통행권확인소송 준비를 하고 있다. 강씨의 사례에서 살펴볼 수 있듯, 맹지는 가격이 저렴한 만큼 여러 가지 문제의 소지를 안고 있다. 토지 소유주와의 타협이나 협상이 잘 이뤄진다면 도로를 개설해 가치 있는 땅으로 개발할 수 있지만, 그렇지 못할 경우 맹지는 그저 맹지일 뿐이라는 점에 유념해야 한다.

06

수용되는 지역에서는
밭을 사라

땅값은 언제나 미래가치를 반영한다. 따라서 주택이나 상업용 건물 신축이 가능한 대지는 농지보다 더 높은 가격이 매겨진다. 그러나 수용되는 땅의 경우에는 본래 용도는 별 의미가 없고, 결국 새로운 판을 짜게 된다.

분당에 사는 안철희씨는 판교 지역에 관심이 많았다. 수도권에서 강남을 대체할 만한 지역은 판교밖에 없을 것이라고 생각했기 때문이다. 그는 휴일이면 판교 지역을 돌아다니며 중개업자들을 통해 현지 정보를 수집하는 등 마땅한 투자시기를 기다렸다.

　IMF 외환위기에서 차츰 벗어나면서 경색된 시장 분위기가 호전되고 경기 회복에 대한 기대감이 돌던 1999년, 분당 신도시보다 더 서울에 인접한 판교가 개발 1순위라는 사회적 기대감이 높아지면서 발빠른 사람들은 이미 판교의 입지 좋은 땅을 사들이기 시작했다. 판교 개발에 대한 확신을 갖고 있던 안씨는 욕심이 났다.

투자한 지역이 택지개발지구에 포함되지 않고 아슬아슬하게 인접지역으로 벗어날 수만 있다면 논이나 밭보다는 당연히 대지의 가격 상승률이 훨씬 높으리라 생각했다. 또 예상과는 달리 택지개발지구에 포함된다 하더라도 가격이 월등히 비싼 대지는 밭이나 논보다 보상가가 높고 이득이 많을 것으로 판단했다.

고민 끝에 안씨는 1999년 말 판교 지역에서 대지 500평을 매입했다. 안씨가 방문한 몇몇 중개업소에서는 대지보다 전이나 답에 투자할 것을 권유했지만 안씨는 한 번의 투자를 통해 많은 이익을 남기겠다는 속셈이었다. 예상대로 2001년 12월 26일 판교 신도시가 택지개발예정지구로 지정됐다. 그러나 안씨의 땅은 아슬아슬하게 신도시에 편입되었다.

그리고 2003년 본격적인 보상이 이어졌다. 분당의 땅값이 크게 오르고 개발에 대한 기대감이 고조되면서 판교 신도시의 땅값 또한 천정부지로 뛰었지만, 공시지가는 터무니없이 낮은 수준을 벗어나지 못했다. 따라서 협의를 통해 순순히 땅을 내놓는 사람들이 많지 않았다. 이 같은 현실적 여건을 감안해 보상가는 상승할 수밖에 없었다.

전이나 답의 경우도 공시지가 대비 두 배 이상의 수준에서 보상가가 결정된다는 얘기를 전해들은 안씨는 대지를 소유한 자신은 세 배쯤 보상받을 수 있을 것으로 기대했다. 하지만 막상 협의에 나서 보니 사정은 영 딴판이었다.

전체 부지를 새롭게 계획·설계해 새 용도를 부여하는 택지개발 사업

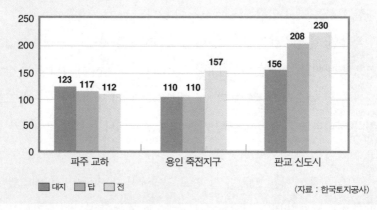

공시지가 대비 보상가 비율(%)

(자료 : 한국토지공사)

의 성격상 안씨의 땅이 대지라고 해서 더 가치가 있을 이유가 없었다. 이미 공시지가에 안씨의 땅에 대한 가치는 논이나 밭과는 달리 차등하게 반영돼 있어 공시지가를 기준으로 지구 내 다른 지목의 땅과 비슷한 수준에서 보상가가 결정될 것이라는 것이 공사측의 입장이었다.

몇 차례 실랑이 끝에 안씨는 공시지가의 156% 수준에서 보상을 받았다. 물론 가격이 폭등세를 보이기 전에 매입한 터라 손해까지는 아니었지만, 생각만큼 큰 이익은 남기지 못했다. 판교 신도시에서도 전이나 답의 경우에는 공시지가의 230%, 208%선에서 보상받은 것으로 알려져 있다.

실제로 한국토지공사가 시행한 수도권의 다른 택지지구의 지목별 공시지가 대비 보상가 비율은 대지보다는 답이 높았고 답보다는 전이 대체로 비싼 값에서 보상이 이루어졌다. 용인 죽전지구에서는 대지와 답이 공시지가의 110%, 전이 157%로서 전의 경우 공시지가 대비 보상비율이 월등히 높았다.

그러나 이 같은 원칙은 어디에서나 적용되는 불문율이 아니다. 용인 죽전지구의 경우 준농림지 열풍이 불면서 농지가격이 급등, 답이나 전의 보상가는 공시지가 대비 117%, 112% 수준에서 결정됐고 오히려 대지는 123%의 보상을 받았다.

땅값은 늘 미래가치를 반영하고 있다. 따라서 주택이나 상업용 건물 신축이 가능한 대지는 농지보다 더 높은 가격이 매겨진다. 그러나 수용되는 땅의 경우에는 본래 용도는 별 의미가 없고, 결국 새로운 판을 짜게 된다. 굳이 비싼 대지보다는 답이 보상 면에서는 훨씬 유리하다.

땅값, 어떻게 가늠할까?

어느 지역의 땅값이 얼마냐고 물으면 한 마디로 답변하기가 쉽지 않다. 아니, 땅값을 묻는 그 자체가 어리석은 일일지도 모른다. 땅은 주택과 달리 지역별로 평당 가격을 매길 수 있는 성격이 아니다. 같은 동, 같은 마을이라 하더라도 지목이나 용도에 따라 그 값이 서로 다르다. 또 같은 지목이나 용도라고 하더라도 도로에 접한 좋은 땅인지, 맹지인지, 바다가 보이는 곳인지 등에 따라 그 값이 천차만별이다.

값을 알아야 흥정을 할 수 있는 것이 거래의 이치다. 이와 마찬가지로 땅을 살 때도 그 값을 판단할 수 있는 일정한 기준이나 어림짐작을 위한 '감' 정도는 있어야 하지 않을까? 2004년 7월 말 부동산 포털 사이트 스피드뱅크(www.speedbank.co.kr)에 등록된 토지 매물의 지역별·지목별 평당가를 산출해 보면 대지가 가장 비싸고, 답보다는 전이 더 높은 가격을 형성하고 있다. 대체로 전은 답보다 20% 정도 비싼 반면 임야는 40%가량 낮은 수준이다. 스피드뱅크에 따르면 시장에서 대지는 답보다 250% 이상 높은 가격에 평가되고 있다.

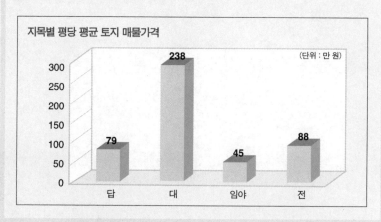

지목별 평당 평균 토지 매물가격 (단위 : 만 원)

지목	답	대	임야	전
가격	79	238	45	88

풍수지리는
땅투자의 기본

좋은 땅은 그 가치를 언젠가는 반드시 발휘한다. 그 가치를 알아
보는 사람에게만 기회가 찾아든다는 신념을 갖고 있는 Y씨는 항
상 좋은 땅의 첫번째 조건으로서 풍수지리를 꼼꼼하게 따져보고
있다.

땅투자 고수들은 단기적으로 어느 지역이 뜬다고 해서 그 곳으로
무작정 달려가지 않는다. 물론 발전 가능성을 타진하기 위해 미래가치
평가는 철저하게 하지만 근시안적인 생각에 사로잡혀 뜨는 곳을 찾아
옮겨다니는 방법은 그다지 선호하지 않는다.

　20년 이상 땅투자를 통해 수익을 창출해 온 Y씨는 독특한 투자전략
을 갖고 있다. 많은 사람들이 재건축 아파트를 찾아 몰려들 때도, 또 아
파트 분양권 시장에서 프리미엄을 기대하고 단기 투자에 나설 때도 그

는 항상 땅만을 예의주시했다.

그는 경매를 선호한다. 법원 경매나 공매에 나온 토지 물건 중 입지가 좋고 가격이 저렴하다고 판단되는 물건은 그 지역에 상관없이 Y씨의 관심대상이다. Y씨는 충청권이나 수도권의 뜨는 지역만을 눈여겨 보지 않는다. 입지가 좋은 땅이라면 전국 어디든 간에 일단 낙점의 대상이 된다.

Y씨는 또한 임야를 선호한다. 일반적으로 농지는 투자대상으로 각광받지만 많은 사람들이 임야에 대해서는 선뜻 나서기를 꺼린다. 이는 효용가치나 투자가치가 떨어진다는 선입견 때문이다. 하지만 Y씨는 지금껏 임야 투자를 통해 적잖은 수익을 창출해 왔다.

Y씨의 남다른 투자원칙은 풍수지리를 중시한다는 것이다. 풍수지리에 대해 해박한 지식을 갖고 있는 그는 늘 임야도와 지적도를 품에 넣고 현장을 답사, 산세와 땅의 입지를 꼼꼼히 살펴본 다음 입찰을 결정한다. 이처럼 독특하면서도 치밀한 준비를 통해 그 동안 Y씨는 땅투자에서 한번도 낭패를 본 적이 없다고 한다.

대전지방법원 본원3계에서 값이 저렴한 임야 하나가 그의 눈에 띄었다. 충남 금산군 부리면 현내리 산102-2번지. 총 3,000평의 임야로 Y씨는 축척 10만도와 5만도 지도, 그리고 6,000도 임야도를 들고 금산에답사를 갔다.

현장에 도착해 보니 주변 산세는 그야말로 절경 그 자체였고, 금산의 명물인 적벽강이 흐르고 있었다. 현내리 2구를 지나 마을을 거쳐 현장에 이르기까지 지도로 계산을 해보니 지도상 거리로 12cm였다. 6,000

도 지도에서는 1cm가 60m이므로 마을입구에서 현장까지는 약 720m 쯤 떨어져 있었다. 마을에서 걷기 시작해 전봇대 14개를 세고 나니 과연 현장에 도착할 수 있었다. 현장에서 잔뼈가 굵은 투자자들은 통상 전봇대 간 간격이 50m 정도라는 사실쯤은 익히 알고 있다.

일단 그 주변을 살펴보니 방향은 남향이고 산골짜기의 맨 끝부분인 동시에 조산과 주산을 거쳐 다시 조산을 바라보고 있는 '회룡고조(回龍顧祖)' 형국이었다. 회룡고조 형국이란 '용이 돌아서 조상님을 바라본다'고 해서 붙여진 풍수학적 표현이다. 일반적으로 회룡고조 지세에 조상의 산소를 모시면 효자가 많이 나온다 하여 풍수학상에서는 이를 명당으로 분류한다.

풍수지리상으로는 나무랄 데 없는데, 진입로를 살펴보기 위해 주산의 정상에 올라 사방을 내려다보니 조산에서 내려온 능선이 산 반대쪽에서 또 다른 맥으로 이어져 있었다. 사람들의 왕래가 없어 잡목이 우거져 있었지만 분명 과거에는 마을과 마을을 잇는 산길임에 틀림없다는 확신이 들었다.

수풀을 헤치며 내려가자 예상대로 금산과 무주를 잇는 37번 국도가 나타났고, 이는 마을을 거치는 것보다 거리상 훨씬 가까웠다.

본 물건의 감정가는 총 3,600만 원(평당 1만 2,000원)이었다. 하지만 5회 유찰을 거쳐 최저가가 1,150만 원으로 떨어져 있었다. Y씨는 최저금액에 1만 원을 더한 1,151만 원에 낙찰받았다. 소유권 이전에 필요한 비용을 포함해 평당 가격을 산출해 보니 불과 5,000원 꼴이었다.

계절이 두 번 바뀌어 겨울이 되자 Y씨는 금산리 땅을 산소 자리로 추천·홍보하기 시작했다. 예상대로 풍수지리학상 좋은 땅임을 알아본 사람이 계약서를 쓰자고 나섰다. Y씨는 크게 욕심내지 않고 묘자리로 쓰겠다고 나선 그에게 평당 1만 원씩 3,000만 원에 팔았다.

좋은 땅은 그 가치를 언젠가는 반드시 발휘한다. 그 가치를 알아보는 사람에게만 기회가 찾아든다는 신념을 갖고 있는 Y씨는 항상 좋은 땅의 첫번째 조건으로서 풍수지리를 꼼꼼하게 따져보고 있다.

08
현지인과
친분을 쌓되 거리를 두라

농가마을의 고유 정서가 남아 있는 곳일수록 이장이나 조합장의
영향력이 크다. 영향력을 줄 수 있는 인물을 활용하는 것은 마케
팅의 기본이자 땅투자의 상식이다. 그러나 현지인들에게 너무 많
은 것을 기대하는 것은 바람직하지 않다.

평소 사교성이 뛰어난 정민석씨는 땅투자에서도 자신의 장점을 최대
한 활용해 성공한 사례다. 그는 아직 미혼으로 부모님과 함께 살고 있
다. 부모님이 고희를 바라보는 나이에 도시가 아닌 전원에서 남은 인생
을 보내고 싶다고 간곡하게 요청하셔서 그는 결국 전원주택을 짓기로
했다.

먼저 마땅한 부지를 고르는 것이 가장 시급한 과제였던 정씨는 인터
넷 사이트를 뒤지기 시작했다. 나와 있는 물건은 많지만 어느 것이 적

당한 가격인지 도무지 판단이 서지 않아 몇 군데 지역을 눈여겨 본 뒤 답사에 나섰다.

현장의 중개업소를 통해 괜찮은 물건을 소개받고 현황도를 확인하니 괜찮은 물건 하나가 눈에 들어왔다. 용인시 이동면 농지 320평으로 4m 폭의 도로가 접해 있고 주변에 물도 좋고 산세도 빼어나 전원주택 용지로 맞춤한 땅이었다.

중개업자의 설명에 따르면, 매도인이 이 지역에서 30년 이상 농사를 짓고 있는 원주민인데, 연로하고 농사 짓는 일도 부담스러워 몇 필지를 처분하려는 물건 중 하나라고 했다. 원주민이라면 가격을 무리하게 올리지도 않을 것 같아 정씨는 계약 의사를 밝혔다.

매도인은 처음엔 당장 계약서를 쓸 것처럼 적극적이었다. 하지만 아들과 통화한 후 내일 계약하자며 계약을 미뤘다. 이튿날 방문하니 매도인의 태도가 180도 바뀌어 있었다. 용인은 계속 개발이 이뤄지고 있어 앞으로도 땅값이 더 오를 테니 팔지 말라고 했다는 것이다. 전화 설득에 실패한 정씨는 부모님을 모시고 마을 이장을 찾아갔다.

이장에게 자초지종을 얘기한 정씨는 매도인과 만날 수 있도록 주선해 달라고 부탁했다. 아무래도 연로하신 분이라 자신이 직접 찾아가기보다는 친근한 사람과 같이 하는 것이 더 좋을 것이라고 판단했다. 부모님과 함께 전원주택을 짓고 제2의 고향처럼 살고 싶다는 마음을 내비치자 이장은 기꺼이 정씨의 요청에 응했다.

이장과 부모님을 앞장세우고 찾아가자 매도인은 정씨 가족의 진심을 깨닫고는 당초 내놓았던 금액대로 계약서를 작성했다. 도농 통합지역이라도 농가마을의 고유 정서가 남아 있는 곳일수록 이장이나 조합장의 영향력이 크다. 영향력을 줄 수 있는 인물을 활용하는 것은 마케팅의 기본이자 땅투자의 상식이다.

하지만 현지인에게 너무 많은 것을 기대하는 것은 바람직하지 않다. 현지인들도 때로는 경쟁자가 될 수 있기 때문이다. 토지 매입시 중개업소에 나온 물건이 아니라 직거래나 비공개로 팔리는 경우 지역주민들은 대체로 비협조적인 입장을 취한다.

농촌의 정서상 낯선 외지인에 대해 폐쇄적인 태도를 갖게 마련이다. 특히 경매나 공매에 부쳐진 물건의 경우, 원주민의 좋지 않은 사정 때문에 물건이 처분되는 상황인지라 외지인에게 더욱 반감을 갖거나 해당 토지의 가치를 일부러 평가절하해 얘기해 주기도 한다.

경매 투자에 나선 초보 투자자들은 현장답사 때 마을 주민들에게 물건의 내용에 대해 자세한 대화를 나누고 돌아선 후 법원에서 마을 주민들과 그 물건을 놓고 경쟁을 벌인 경우가 많다고 털어놓는다. 가까이 하되 일정 정도의 거리 유지가 필요한 셈이다.

또 땅을 취득한 후 필요 용도로 개발할 때는 주민들의 반응을 충분히 감안하는 것이 현명하다. 용도를 변경하는 과정이나 근거가 아무리 합법적이라 할지라도 민원이 있는 사안을 허가해 주는 관청은 어디에도 없기 때문이다.

09

땅의 가치는
만들어가는 것이다

용도를 감안해 쓸모 있는 땅을 사들여 잘 다듬은 후에는 적절하
게 파는 일이 무엇보다 중요하다. 바야흐로 마케팅 시대다. 그저
관심 있는 사람이 찾아올 때까지 앉아서 기다리고 있다가는 금융
비용만 늘어날 뿐이다

"**땅투자** 고수들은 땅을 고를 때 어떤 점을 따져볼까?" 뭔가 좀 다
르지 않을까 하는 생각으로 땅투자에 오랜 시간과 공을 들여온 고수다
운 고수를 만날 때면 이 같은 질문을 던져본다. 그리고 그들의 답변을
통해 항상 느끼는 공통점은 진정한 고수는 좋은 땅을 사고, 좋은 땅을
판다는 사실이다. 좋은 땅을 찾기 위해서는 매입 시점에서부터 적절히
활용할 만한 용도를 고려해야 한다. 또 팔 때도 그 용도로 활용할 수 있
는 매수자들에게 홍보를 하고 땅의 가치를 높이기 위한 성형수술도 마

다하지 않는다.

땅투자에 경험이 많은 장부형씨는 적은 자금으로 쏠쏠한 이익을 남기는 유형의 투자자다. 투자금액이 적으면 수익도 적게 마련이다. 하지만 소액투자는 리스크도 적고 비교적 단기 투자가 가능해 부담이 적다는 이점이 따른다.

생활정보지를 즐겨 보는 장씨는 어느 날 저렴하게 나온 토지 매물에 시선이 갔다. 오산시 갈곶동 일대 400여 평에 달하는 토림이었다. 토림은 과거 대지 · 전 · 답 등의 땅을 장기간 본래 목적대로 사용하지 않아 지자체에 지목 전환을 신청, 지목이 산으로 바뀐 경우이거나 지자체에서 토지 현황을 조사해 직권으로 지목을 바꾼 경우다.

토림은 임야이지만 지번 앞에 '산' 자가 없고 경사도가 완만하거나 평평한 경우가 대부분이다. 임야이기 때문에 상대적으로 값은 저렴하면서도 완만하고 평평한 땅이라 활용가치가 높다는 장점이 있어 고수들은 토림을 선호한다.

어쨌든 장씨도 둘째가라면 서러운 고수인데 토림을 놓칠 리가 있겠는가. 현장을 답사해 보니 진입로가 썩 좋지는 않고 땅의 모양도 모난 잡종지였다. 초보자들은 대부분 이 상황에서 투자가치가 없다고 포기한다. 하지만 장씨는 생각이 좀 달랐다.

현장의 입지가 1번 국도로의 진입이 용이한데다 경부고속도로 이용에도 크게 어려움이 없었다. 이 정도의 입지라면 야적장으로 활용 가능해 보였다. 장씨는 이 땅을 평당 3만 원에 계약했다.

1년 후 장씨는 생활정보지와 인터넷을 통해 광고를 했다. 얼마 지나

토지도 마케팅 시대다. 사서 묻어두었다가 매수자가 나타나면 팔아 차익을 남기는 시대는 지나갔다. 살 때부터 어떤 용도로 활용할 수 있는지를 구상하고 팔 때도 살 수 있는 매수자에게 어떤 용도로 활용하는 것이 합당한가에 대한 구체적이고 적극적인 마케팅이 필요하다. 산소자리의 경우 설을 앞두고 가족이 묘자리를 찾는 경우가 많아 이왕이면 겨울에 파는 것이 효과적이다.

지 않아 야적장 부지를 물색하던 한 중소기업에게 평당 7만 원에 매도했다. 다른 사람들은 거들떠보지도 않았던 땅을 나름대로 좋은 용도로 개발해 적임자에게 판 것이다.

때로는 땅을 좋은 가격에 팔기 위해 성형수술이 필요하다. 요즘 연예인들은 자신의 가치를 높이기 위한 방법으로 성형수술을 자연스럽게 받아들이고 있다. 어차피 얼굴이나 몸매 자체가 상품성의 기준이 되는 연예인이라면 자신의 가치를 올릴 수 있는 투자가 필요하게 마련이다.

땅도 마찬가지다. 땅 그 자체로도 가치가 있지만, 잘 다듬고 정리함으로써 활용가치를 높이는 것은 가격에

도 결정적 영향을 미친다. 경사도가 가파른 땅은 활용가치가 낮다. 따라서 경사도를 완만하게 만드는 약간의 시술을 곁들이면 한결 가치가 높아진 모습으로 탈바꿈한다. 포크레인 사용 비용은 400평 기준 25만~30만 원 수준이다. 30만 원을 투자해 그 가치가 300만 원, 3,000만 원 가량 높아진다면 이 같은 '시술비'를 그 누가 아깝다고 하겠는가.

용도를 감안해 쓸모 있는 땅을 사들여 잘 다듬은 후에는 적절하게 파는 일이 무엇보다 중요하다. 바야흐로 마케팅 시대다. 그저 관심 있는 사람이 찾아올 때까지 앉아서 기다리고 있다가는 금융비용만 늘어날 뿐이다.

살 사람을 적극적으로 찾아야 한다. 우선 인터넷이나 생활정보지나 일간신문 등 살 만한 사람들을 확보하고 있는 매체를 활용해야 한다. 또 광고를 할 때는 어떤 용도로 활용하면 좋을지에 대한 추천용도를 자세히 게재하는 것이 효과적이다.

적정한 값에 땅을 팔기 위해서는 시기의 선택 또한 매우 중요하다. 예를 들어 묘자리는 봄이나 가을보다는 겨울에 파는 것이 좋다. 겨울에는 산세가 한눈에 보이고 설이나 한식을 앞둔 집안에서 산소 자리를 많이 찾기 때문이다.

부동산도 마케팅 시대다. 적극적인 마케팅이야말로 땅투자 성공으로 가는 지름길이다.

10

토지거래허가 못 받은 거래는
누구 책임?

토지거래허가구역에서는 무모한 낙관적 기대만으로 계약서에 도
장을 찍는 일은 절대 삼가해야 한다. 규제의 대상으로 떠오르고
있는 개발제한구역 해제지역이나 신행정수도 지역에 대해서는
더욱 주의가 필요하다.

방화동에 사는 강정일씨는 2004년 초 해제가 예정돼 있는 강서구
상사마을 그린벨트 내 땅을 계약했다. 그린벨트 내 대지 80여 평으로
2004년 7월 그린벨트 지역에서 해제되면 땅값은 더 뛸 것이고, 향후 김
포공항에서 김포 신도시까지 경전철이 연결되고 9호선이 개통되면 일
대 땅값이 더 오를 것이 분명할 것이라 판단했다.

2003년 12월 1일부터 개발제한구역 내 땅은 토지거래허가구역에 포
함돼 토지거래허가를 받아야 등기이전이 가능했다. 토지거래허가 신청

서에 강씨는 주택을 지어 본인이 거주할 목적이라고 밝혔다. 개발제한 구역 해제대상이었던 상사지구는 해제 예정일이 다가오면서 땅값이 지속적으로 오르고 있던 상황이었다. 따라서 조급해진 강씨는 토지거래 허가도 받지 않은 상태에서 계약서를 작성하고 중도금까지 치렀다.

토지거래허가가 나지도 않은 상황에서 무턱대고 계약서에 도장을 찍은 것은 잘못한 일이라는 우려의 목소리도 있었다. 하지만 나중에 거주할 목적이라는 것을 분명히 밝혔을뿐더러 10년 이상 인접지역에서 살고 있었던 터라 위장전입에 해당되지 않아 허가가 나지 않을 이유가 없다고 강씨는 확신했다.

그러나 1주일 후 강씨는 토지거래허가가 반려됐다는 사실을 확인했다. 계약서상의 매수인이 무주택자가 아니라는 이유 때문이었다. 토지거래허가구역의 경우 거주기간 등의 요건을 갖췄다 하더라도 실수요냐, 아니냐에 따라 그 허가 여부가 결정된다.

결국 이미 주택을 한 채 보유하고 있는 강씨를 해당 관청에서는 실수요라고 판단하지 않았다. 강씨는 상사지구 대지 매입을 결정하면서부터 보유하고 있던 아파트를 팔려고 내놓았으나 2004년 들어 주택가격이 하락세로 반전되면서 좀처럼 매수자를 찾지 못했다. 이 같은 상황을 무시한 채 계약을 강행한 것이 화근이었다.

결국 계약은 무효 처리되고 이미 치른 계약금은 위약금으로 몰수당한 채 중도금만 겨우 돌려받았다. 현재 강씨는 자신에게 귀책사유가 있는 것이 아니고 해당 관청에서 토지거래허가를 내주지 않아 계약 이행을 하지 못한 것이라며 계약금 반환을 요구하고 있다. 하지만 법정까지 간

정부는 2001년 9월 대도시권 개발제한구역 조정방안을 확정, 우선해제 대상 취락을 20호 이상으로 확대해 집단취락, 산업단지, 고리원전 주변지역 등 우선 해제 대상으로 추진하고 있다. 한편 국책사업인 국민임대주택단지 등 시급한 현안사업 대상지도 우선 해제할 방침이라 우선 해제대상 그린벨트 지역의 땅값이 상승하고 있다.

다 하더라도 돌려받을 수 있는 가능성은 매우 희박할 것으로 여겨진다.

국토이용관리법상 규제지역 내 토지에 대해 관할관청의 허가를 전제로 매매계약을 체결한 당사자는 그 계약의 효력 완성에 협력할 의무가 있다. 즉 토지거래허가구역 내 거래는 거래허가를 전제로 계약을 체결하기 때문에 강씨는 허가요건을 최대한 갖출 수 있도록 만반의 준비를 했어야 한다는 것이다.

강씨가 자기 소유의 아파트를 처분하지 못했기 때문에 토지거래가 불허되었으므로, 당사자 간 계약금을 위약금으로 하는 약정이 있었을 경우에는 매도인에게 지급된 계약금은 위약금으로 몰수되는 것이 원칙이라고 전문 법률가들은 해석하고 있다.

토지거래허가구역에서는 무모한 낙관적 기대만으로 계약서에 도장을 찍는 것은 절대 금물이다. 규제의 대상으로 떠오르고 있는 개발제한구역 해제지역이나 신행정수도 지역에 대해서는 더욱 그렇다.

따 · 져 · 보 · 는 · 부 · 동 · 산 · 상 · 식

토지거래허가를 받지 못해 계약이 무효 처리됐다면 중개업자도 책임이 있나?

부동산 거래시 중개업자의 잘못된 중개로 인해 거래 당사자가 손실을 입었을 경우 당사자는 중개업자에게 법적 책임을 물을 수 있다. 또한 부동산 중개업소들은 대부분 공제조합이나 중개사고책임보험에 가입해 있다. 공제조합 가입 중개업소를 통해 거래시 발생한 중개사고에 대해 소비자가 받아낼 수 있는 최대 금액은 개인 중개업자인 경우 5,000만 원, 중개법인의 경우 1억 원이다.

그러나 토지거래허가지역 내 부동산 거래는 매도인과 매수인이 허가를 위해 당사자 간 계약이 완성될 수 있도록 협력할 것을 전제로 계약하는 것이 일반적이다. 따라서 매도자가 무주택 요건을 갖춰야 함에도 불구하고 이 조건을 갖추지 못해 계약이 무효 처리된 사안 또한 통상의 경우와 다르지 않다. 따라서 토지거래허가를 받지 않은 상태에서 매매계약을 체결한 공인중개사의 법적 책임은 물을 수 없다.

다만, 토지거래허가를 받지 못한 귀책사유가 거래 당사자가 아닌 중개업자의 직무와 관련된 사안이라면 책임을 추궁할 여지가 있다는 것이 법조계의 의견이다.

11

현지 사정에
밝은 사람을 활용하라

땅값은 아파트 값과 달리 천차만별인 경우가 많다. 같은 땅이라도 중개업소마다 다른 경우도 많다. 이 때는 현지 사정을 잘 아는 사람의 도움을 받는 것이 좋다. 미공개 알짜 정보를 찾기보다 좋은 정보를 줄 수 있는 사람을 찾는 게 훨씬 수월하기 때문이다.

광명시 하안동에서 25평 아파트에 살던 이씨 부부가 땅을 보러 다니기 시작한 것은 2002년 초겨울이었다. 돈이 많아서도 아니고 땅투자가 각광받을 것으로 판단해 발빠르게 움직였던 것도 아니다.

이유는 단 한 가지, 땅과 가까이서 부대끼며 살 수 있는 집이 필요했기 때문이다. 당시 네 살배기 딸이 아토피성 피부염으로 밤잠을 설치는 모습을 지켜보며 이씨 부부는 뭔가 근본적인 대책이 필요함을 절감했다.

각각 대학강사와 프리랜서 번역가로 일하고 있는 이씨 부부는 자신들의 직업이 여느 직장인들과는 달리 출퇴근 시간에 얽매이지 않아도 된다는 장점을 살려 도시 외곽에 전원주택을 마련할 궁리를 하게 되었다.

머잖아 둘째아이가 태어나면 좀더 넓은 집이 필요할 텐데, 기왕이면 아이들이 마음껏 뛰놀 수 있는 넉넉한 공간을 갖고 싶었다. 초겨울 바람이 귓불을 스치며 건조한 날씨가 지속될수록 피가 날 때까지 온몸을 긁다가 지쳐 잠이 드는 첫째아이를 지켜보는 안타까움 또한 날로 깊어만 갔다.

이씨 부부는 더 이상 기다릴 수 없었다. 어느 곳이 좋은지, 땅값은 어느 정도인지 도대체 어느 것 하나 아는 게 없었지만 일단 차를 끌고 경기 북부지역을 뒤지고 다녔다. 이씨 부부가 눈여겨본 지역은 양평이었다. 산세도 아름답고 물도 넉넉한 양평은 자동차를 통해 서울 진입이 용이하고 중앙선이 전철화되면 대중교통 수단을 이용하는 데에도 무리가 없을 듯했다.

양평 시내의 중개업소란 중개업소는 다 찾아다녔다. 그런데 도대체 땅이란 것이 시세가 없었다. 아파트처럼 같은 지역은 평당 얼마 정도면 예산을 세울 수 있을지 계산될 것이라 생각했는데, 땅은 같은 지역의 비슷한 입지도 평당 10만 원대 물건에서부터 30만 원대에 이르기까지 중개업소마다 천차만별이었다. 과연 싸게 사는 것인지 확신할 수도 없었던 이씨 부부는 한 달여를 헤맸지만 마땅한 땅을 만나지 못했다.

궁리 끝에 이씨 부부는 색다른 방법을 강구했다. 굴삭기 기사로 오랫동안 일하고 있는 이씨의 형님을 통해 양평의 건설현장에서 꽤 많은 일감을 맡았던 베테랑 기사 한 명을 소개받았다.

사정을 얘기하니 그가 소개해 준 곳이 바로 양평군 서종면 일대였다. 그는 서종면 일대에서 직접 공사를 하며 친분을 맺고 있던 땅 주인들과의 거래를 주선해 주었다.

몇몇 후보지를 물색하던 중 이씨 부부의 마음에 꼭 드는 땅을 만날 수 있었다. 양평군 서종면 명달리 일대 준농림지에 해당하는 부지였다. 나지막한 야산이 마을을 품은 것처럼 포근하게 느껴지는 그 곳은 이씨 부부의 마음을 사로잡았다. 2차선 도로를 끼고 있어 나중에 건축할 때도 유리할 것으로 보였다. 면적은 총 730평으로 땅 주인도 그 곳에 뿌리를 내린 원주민이었다. 매도자 또한 오랫동안 갖고 있던 땅이라 팔까 말까 고민하던 차에 이씨 부부의 얘기를 듣고 난 후 팔겠다는 결심을 굳혔다.

땅 주인이 요구한 가격은 평당 17만 5,000원. 이씨 부부가 양평 시내 중개업소를 찾아다니며 살펴보았던 주변 땅값과는 비교도 할 수 없는 저렴한 수준이었다.

총 1억 500만 원에 명달리 땅을 계약한 이씨 부부는 무엇보다 좋은 땅을 만날 수 있도록 기꺼이 현지까지 동행해 주었던 굴삭기 기사에게도 고마움의 표시를 잊지 않았다. 물론 중개수수료에 비하면 턱없이 적은 금액이지만, 이씨 부부나 굴삭기 기사 모두 만족스러운 수준이었다.

양평 땅을 계약한 후 이씨 부부에게는 큰 변화가 있었다. 그토록 기다렸던 둘째 공주님이 태어난 것이다. 아이들이 널찍한 마당에서 뛰놀며 아토피 걱정 없이 잠들 수 있는 집을 위해 장만한 땅이었기에 둘째아이가 돌을 지나면서 이씨 부부는 현실적인 고민에 직면했다.

명달리 농지에 전용허가를 받고 집을 지으려면 전용비와 건축비, 세금 등을 포함해 1억 원가량의 자금이 필요할 것으로 판단되었다. 그러나 현재 이씨 부부의 벌이로는 여유자금으로 1억 원을 모은다는 것이 10년 내에는 도저히 불가능한 일이었다.

아이들에게 땅내음이 어느 때보다 필요한 시기가 바로 지금인데, 돈을 모아 집을 짓는 10년 후에는 아이들이 이미 커버린 '뒤늦은' 상황이 되어버릴 터였다. 땅값이 오르는 상황이라 주변에서는 더 보유하고 있는 것이 재테크에 도움이 된다며 생활의 불편쯤은 감수하라고 성화였지만, 진정 땅이 필요해 한 달 동안 양평 땅을 뒤지고 다녔던 그 겨울을 생각하면 정말 필요한 사람들이 땅의 주인이 되어야 한다고 생각했다.

결국 이씨 부부는 땅을 처분해야 할 때가 왔다고 판단했다. 그 땅을 처분해서 서울 외곽의 북한산이나 수락산 자락의 아파트 저층으로 평수를 늘려가면 그런 대로 아이들에게 땅내음을 맡게 하고 계절마다 나무들이 어떤 옷을 갈아입는지 보여줄 수 있을 것이라 생각했다. 이미 명달리 땅값은 당시 매입가격보다 세 배 가까이 올라 집을 늘려갈 수 있는 데 효자 노릇을 톡톡히 해주었다. 아이 때문에 집을 버리고 땅을 찾았던 판단이 결국 성공적인 재테크를 만들어준 계기가 된 것이다.

이씨 부부는 현재 명달리 땅의 새 주인을 찾고 있다. 물론 시세보다 저렴한 값에 중개업소에 내놓으면 빠른 시간 내에 팔릴 터다. 하지만 혹시 자신들처럼 절박한 이유로 이 예쁜 땅을 찾는 사람이 있다면 그들에게 적당한 가격에 넘겨주고 싶은 마음 또한 간절해 신중하게 매수자를 고르고 있다. 땅은 소박한 이씨 부부에게 인생에 있어 잊지 못할 큰 선물을 안겨주었다.

12

공동共同 투자는
공동空同 투자라야 성공한다

공동(共同) 투자를 성공으로 이끌려면 서로 마음을 비우는 공동
(空同) 투자가 전제되어야 한다. 그러나 돈 문제를 앞에 두고 마
음을 함께 비우는 일은 쉽지 않다. 친구 간에도 동업은 하지 말
라는 격언도 있지 않은가.

2000년 베스트셀러로 떠올랐던 《세이노의 부자아빠 만들기》 연작
에는 다음과 같은 얘기가 등장한다.

"나는 친구와의 동업을 절대 권장하지 않는다. 동업자 간에는 신뢰관
계가 아니라 능력의 균형과 능력에 따른 정확한 계산이 중요하다. 특히
당신은 아는 것이 없는 분야에 돈만 대고 일은 친구가 하는 식의 동업
은 우정을 파괴하는 지름길이다. 이는 미국 경영학 교과서에서도 강조
하는 진리다."

친구와는 돈 거래를 하지 말라는 격언이 있다. 친한 사람과 공동투자를 해서 성공한 사례는 거의 찾아볼 수 없다. 최근 심심찮게 등장하는 가십 기사 중 하나가 로또복권에 당첨된 후 갈라선 부부나 예비부부 얘기다. '무촌(無寸)'이라는 부부끼리도 돈에 얽히면 사랑이나 애정 따위는 구질구질한 얘기로 치부되는 듯한 세상인데, 친구 간 투자는 오죽할까. 어쨌든 옛 속담이나 최근 사회문제를 들먹이지 않더라도 공동투자가 쉽지 않은 것은 누구나 알고 있는 이치다.

회사 동료로 만난 아줌마 셋이 2002년 '뜬다'는 펜션 사업을 위해 뭉쳤다. 전원주택, 펜션 전문잡지 기자 출신이었던 그들은 성공한 남의 얘기만 취재하는 역할에서 벗어나 이제는 자신들이 성공의 주역이 되기로 결심했다. 아이들 육아 문제 등으로 비슷한 시기에 회사를 그만둔 3명의 아줌마가 유망 부지로 꼽은 곳은 제주도다.

'떠나요~ 둘이서~ 모든 것 훌훌 버리고 제주도 푸른 밤 하늘 아래로…'

노래로 묘사되듯 도시에 찌든 사람에게 휴식처가 될 만한 이국적 정취와 사계절 언제나 즐길 수 있는 자연조건을 갖춘 제주도는 펜션 사업지로서 손색이 없었다.

그들은 제주도 한림읍 소재 농지 1,070평을 평당 9만 원에 계약했다. 땅투자에 필요한 선투자금으로는 각각 3,000만~3,500만 원씩 출자해 총 1억 원을 만들었다. 주위의 많은 사람들에게 도움말도 듣고 자문도 받아가며 투자에 나섰지만, 막상 자신들의 일로 닥치자 좋은 땅을 찾는 일도, 명의이전하는 것도 쉽지 않은 사안이었다.

제주도 땅값은 2001년부터 급등해 이들이 투자할 2002년만 해도 결코 만만찮은 금액으로 올라 있었다. 막상 땅을 사고 나니 그렇게 오르던 땅값은 게걸음을 이어갔다. 주위에서는 이미 오를 만큼 올랐다는 얘기도 들렸다. 땅을 살 때만 해도 그토록 마음이 잘 맞던 아줌마들은 조금씩 흔들리기 시작했다.

펜션을 짓는 데 필요한 농지전용허가를 받기까지는 험난한 과정이었다. 관공서에서 어떤 것이든 허가를 받아본 사람은 누구나 알고 있다. 전용허가가 허가서 한 장 접수하면 바로 해결되는 것이 절대 아니라는 사실을 말이다. 현지 대리인을 통해 관공서를 수도 없이 들락거리게 하고 서울에서 시외전화만도 수십 통 걸었다. 정 안 되면 아침에 제주도로 날아가 시청에서 일을 보고 저녁에 돌아오는 경우도 많았다.

아줌마 3명 중 2명은 아이가 둘이라 쉽게 움직일 수도 없는 형편이라, 결국 나이는 가장 많지만 아이가 없던 김씨가 모든 일을 떠맡았다. 후배들의 형편을 잘 알고 있던 김씨는 기꺼이 총대를 멨지만 허가를 받기까지 기다리는 시간이 점점 길어질수록 혼자 동분서주하는 꼴에 은근히 화가 나기도 했다.

6개월여의 지루한 줄다리기 끝에 농지전용허가를 받고 나니 큰 고비를 넘긴 느낌이었다. 그러나 갈등은 여기서 끝나지 않았다. 농지를 대지로 변경하자 자연 땅값이 올랐고 그 동안의 금융비용을 제외하고도 약간의 수익을 올렸는데, 이쯤에서 그냥 팔자는 의견과 원래 목적대로 펜션을 짓자는 의견으로 나뉘었다.

전용허가 때문에 갖은 노력을 기울였던 김씨는 그 동안 허가문제로

자신이 동분서주할 때 그저 팔짱만 끼고 있던 후배들이 "좀 올랐으니 팔고 정리하자"라는 말을 꺼내자 감정이 상할 정도로 몹시 서운했다. 그렇다고 해서 그 동안 다져온 우정을 한 순간의 감정으로 허물어버릴 수는 없는 노릇이었다. 김씨의 설득과 오랜 협의 끝에 그들은 해결책을 찾았다.

펜션은 토지가격 상승에 따른 양도차익과 매월 운영수익을 동시에 노릴 수 있어 그 동안 땅 투자자들에게 최대 관심 대상으로 급부상했다. 그러나 2003년 7월부터 시행된 펜션 관련 규제 조치로 앞으로는 펜션 개발이 큰 인기를 모으기는 어려울 것으로 전망된다.

매입한 땅을 모두 펜션 부지로 활용하기에는 건축비용이나 전용비 등이 부담스러웠다. 따라서 매입한 부지의 일부를 팔아 추가 소요되는 건축비 부담을 줄이자고 합의한 것이다.

그들은 매입 부지의 절반에 해당하는 540평을 평당 15만 원에 매각했다. 전용허가를 받고 나니 1년도 채

안 돼 평당 50%가 넘는 5만 원이 오른 셈이었다.

2003년 봄에 설계를 끝내 4월부터 착공에 들어간 펜션은 9월 말에 이르러서야 비로소 첫 선을 보였다. 대지 532평에 건평 120평, 2층 규모에 9실을 갖춘 펜션이 아줌마들의 땀과 열정을 담아 제주도 푸른 밤을 장식하게 된 것이다. 그러나 3인의 의견 합의과정과 몇 차례의 설계 변경으로 여름철 성수기를 놓쳐 준공이 되고도 비는 방이 더 많았다. 펜션이 인기를 모으면서 그 동안 제주도에도 펜션이 과잉공급된 것도 중요한 이유 중 하나였다.

그러나 유채꽃이 흐드러진 2004년 봄부터 상황은 반전됐다. 만실(滿室)은 아니지만 월 800만 원가량의 수입이 짭짤하게 이어졌다. 10년 만의 폭염이라는 여름 휴가철에는 예약이 쇄도, 방이 없어 손님을 받지 못하는 즐거운 비명을 지르기도 했다.

이 정도라면 월 1,000만 원 수익도 거뜬해 보였다. 이름 있는 건축가에게 설계를 의뢰하는 등 나름대로 공을 들인 펜션은 한 번 다녀간 사람들의 입소문을 타면서 오늘도 예약자가 꾸준히 늘고 있는 상황이다.

그러나 아줌마들은 말도 많고 탈도 많았던 이 펜션을 팔 계획이다. 김씨는 계속 갖고 있어도 수입이 괜찮을 것이라고 판단했지만, 공동 투자자들이 육아 문제 때문에 교대로 제주도를 왕래하는 것이 몹시 부담스러웠기 때문이다. 다시 한번 오랜 협의 끝에 이번에는 김씨가 후배들을 위해 자신의 주장을 굽혔다. 욕심을 내서 좀더 돈을 번다고 해도 10년 이상 쌓아온 우정이 깨진다면 무엇과도 맞바꿀 수 없는 큰 가치를 잃는 것이라고 판단했다. 어느덧 이 멋진 펜션의 가치는 10억 원을 호가하고 있었다.

공동(共同) 투자를 성공으로 이끌려면 서로 마음을 비우는 공동(空同) 투자가 전제되어야 한다. 그러나 돈 문제 앞에서 마음을 함께 비우는 일은 쉽지 않다. 친구 간에도 동업은 하지 말라는 격언이 있기에, 어려울 때마다 서로의 의견을 존중해 주면서 투자에 성공한 아줌마 3인의 배려와 지혜가 돋보인다.

13

궁즉통窮卽通
궁하면 통한다

궁즉통은 최선을 다해 노력해야 변화가 생기고, 변화가 생겨야
비로소 길이 뚫린다는 뜻이다. 아이를 위해 모든 것을 버리고 땅
을 선택한 결과가 가정의 행복과 자산가치 상승이라는 결과를
가져다 준 셈이다.

궁즉통(窮卽通), 즉 궁하면 통한다는 이 말은 《주역(周易)》을 꿰
뚫는 원리 중 하나로 평가되고 있다. 살면서 한 치도 물러설 수 없을 만
큼 궁지에 몰린 상황에서 오히려 뜻밖의 효과적인 대안을 찾게 되는 경
우가 종종 있다.

'죽으란 법은 없나 보다' 싶으면서도 돌이켜보면 궁하디 궁한 상황
에서는 더 이상 물러설 곳이 없기 때문에 최선을 다하게 되고, 결국 그
과정이 예상 외 결과를 가져오는 것이 아닐까 새삼 깨닫는다.

대학시절 같은 과 동기인 윤정희씨를 만나 결혼에 골인한 강효신씨는 이른바 386세대의 늦깎이 부부다. 대형 약국에서 약사로 일하던 두 사람은 서로를 위한 결혼 선물로 집은 마련하지 못하더라도 번듯한 약국 하나는 갖고 시작하자는 약속을 지키기 위해 결혼을 늦추고 또 늦췄던 탓이다.

중랑구의 아파트 단지 내 상가에 약국을 개업한 강씨 부부는 하루 종일 붙어 있어도 신혼부부처럼 알콩달콩 사랑을 키워가는 보기 드문 닭살 커플이다. 결혼하고 2년 만에 첫 아이를 낳은 부부는 행복한 가정을 꿈꾸며 내집 마련을 위해 열심히 저축을 했다.

그런데 시간이 지날수록 아이에게서 약간 이상한 점이 느껴졌다. 말이 더디고 어눌해 늘 불안했지만 주위 어른들 말씀처럼 말이 늦거나 늦되는 아이들이 있을 거라고 가볍게 여겼다. 그러나 네 살이 되면서 증상이 점점 심각해짐을 깨달은 부부는 큰 병원을 찾아가 진단한 결과, 심각한 자폐증이었다.

하루 종일 약국에 매달려 있느라 어린아이를 늘 어린이집이나 보모의 손에 맡겨둘 수밖에 없었던 강씨 부부는 아이를 위해 자신들이 해줄 수 있는 일이 무엇인지 심각하게 고민하기 시작했다. 자폐증은 약물이나 수술로 치료할 수 있는 질병이 아니다. 그저 시간을 두고 지속적인 노력을 통해 보살필 때 비로소 호전될 수 있다는 사실을 알게 된 강씨 부부는 마침내 서울을 떠나기로 결심했다.

답답한 아파트촌이 아닌 자연 속에서 아이와 대화를 나누면서 사랑하는 방법을 가르치고 몸으로 느끼게 하고 싶었다. 그들은 먼저 전원주택에 대한 정보를 수집하기 시작했다. 어느 지역이 좋고, 건축비는 얼마나 들고, 어느 자재가 좋은지 신문과 잡지 등의 미디어나 전문가와의 상담을 통해 많은 지식을 얻을 수 있었다.

몇몇 후보지 물색을 통해 강씨 부부가 최종 낙점을 한 곳이 바로 남양주시 오남리 사릉 주변이었다. 남양주시에서도 사릉 일대는 접근도로가 낙후돼 자연의 냄새가 물씬 나는 곳이었다. 또한 자동차 우회도로 건설 등으로 그런 대로 교통여건이 개선되고 있었다.

2000년 가을, 전(田) 200평을 총 8,000만 원(평당 40만 원)에 매입한 강씨 부부는 전용허가를 위한 작업에 들어갔다. 땅값이 비쌌던 만큼 진입도로 등 비교적 전용허가가 수월한 여건이었고, 예상대로 이듬해 초 전용허가를 받았다. 3월부터 강씨네 '러브하우스' 공사가 시작되었다. 건평 54평 규모의 강씨네 집은 2001년 여름을 앞두고 완공되었다.

강씨 부부는 서둘러 러브하우스로 옮겼다. 이른바 잘 나가던 약국 대신 월급 약사로 취직해 다시 처음부터 시작했다. 말로만 듣던 전원주택은 처음엔 불편하고 낯설었다. 하지만 시멘트 담벼락보다는 흙과 대화하는 방법을 터득할 수 있었고 자연과 함께 어울리면서 아이의 건강은 날이 갈수록 눈에 띄게 호전되었다.

물론 강씨 부부의 땅도 투자 바람을 타고 현재는 평당 60만 원 이상을 호가하고 있다. 하지만 강씨 부부는 오랜 만에 찾은 행복을 돈으로 바꾸려 하지 않는다. 앞으로도 그냥 그렇게 아이와 자연 속에서 행복을 키워갈 생각이기 때문이다.

'궁즉통(窮卽通)'은 원래 '궁즉변(窮卽變), 변즉통(變卽通), 통즉구(通卽

久)'의 줄임 표현이다. '궁하면 변하고, 변하면 통하고, 통하면 오래 간다' 라는 뜻이다. 변화가 있어야 비로소 이루어진다는 의미인데, 여기에는 '궁(窮)' 해야 한다는 전제가 깔려 있다. 우주의 변화법칙인 《주역》에서는 '궁(窮)' 자가 '궁구하다', '다하다' 의 뜻으로 '최선을 다함' 이라는 의미를 함축하고 있다.

이는 최선을 다해 노력해야 변화가 생기고, 변화가 생겨야 비로소 길이 뚫리며, 그러한 노력의 결과만이 오랫동안 지속된다는 우주 대자연의 원리를 상징적으로 표현하고 있다.

강씨 부부가 돈과 아이의 건강이라는 두 마리 토끼를 모두 잡고자 했다면 오늘의 행복이 과연 주어졌을까 의문이다. 최선을 다해 아이를 위해 노력했던 강씨 부부의 선택이 있었기에 결국 돈도 아이의 건강도, 강씨의 편이 되어준 것이 아닐까 싶다.

14

감정평가서를
맹신하지 마라

지방 임야의 경우 당시에는 거래가 많지 않았고 턱없이 부족한 감정평가사들이 처리해야 할 업무는 산적한 상황에서는 감정평가서에도 허점이 있을 수 있다. 임야의 경우 감정평가서나 감정가가 실제와 많이 다를 수 있기 때문에 반드시 현장을 방문해야 한다.

토지경매의 달인으로 평가되고 있는 Y씨. 그가 토지경매에 관심을 갖고 본격적인 투자에 나선 것은 1990년대 초반이었다. 직접 경매에 참여해 낙찰받은 땅만 해도 수백 건에 이를 정도이고, 현재는 괜찮은 물건이 있으면 지인들과 직접 현장답사를 다니며 컨설팅해 주는 일을 더 즐기고 있다. 임야도만 봐도 어디가 봉우리이고 골짜기인지 한눈에 식별하고 풍수지리에도 해박해 명당을 골라내는 능력 또한 남다르다.

그가 밝힌 경험담 중 하나를 소개한다. 1992년 12월 대전지방법원 홍성지원에 나온 임야가 그의 눈에 들어왔다. 충남 홍성군 결성면 교향리 산○○번지 임야 3,000평. 당시 감정가는 2,050만 원이었는데, 7회 유찰을 거쳐 최저입찰가가 450만 원 수준이었다.

현장답사를 결심한 Y씨는 임야도 등을 챙겨 홍성을 출발했다. 당시만 해도 대전에서 홍성에 이르는 교통사정이 그리 좋지 않았다. 그러나 Y씨에게는 땅을 살 때는 반드시 현장을 확인하라는 철칙이 있었다.

홍성 시내로 진입한 후 결성면을 찾아 들어가는 데만도 2시간 이상이 걸렸다. 현재는 반듯한 도로로 포장되어 있지만 당시 충청도의 지방도로는 대부분 비포장 도로였다. 결성면에서 해당 임야까지 가는 데 약 30분을 헤매야 했다. 계곡을 지나 당해 필지의 능선 꼭지점인 정상에 올라 보니 주변 시야가 한눈에 들어왔고 토지의 경계나 윤곽도 선명하게 드러났다. 꽤 괜찮은 땅이었다.

Y씨는 입찰일에 홍성지원을 방문했다. 당시에는 호가제로 경매가 진행됐기 때문에 집행관 앞에서 구두를 통해 자신의 입찰가를 밝혔다. Y씨의 경쟁대상은 단 한 사람뿐이었는데, 주방가구 업계의 선두주자였던 O기업의 대리인이었다. O기업에서 먼저 450만 원을 불러 Y씨는 451만 원, 다시 O기업이 460만 원, Y씨는 461만 원으로 가격이 계속 높아지고 있었다. 결국 500만 원이 넘어서자 O기업 대리인은 주춤해졌고 Y씨는 501만 원을 불러 최종 낙찰을 받는 데 성공했다.

경매를 마치고 법원을 빠져나오면서 Y씨는 O기업 대리인에게 왜 그 땅에 그토록 집착했는지에 대해 들을 수 있었다. 이번 경매에 부쳐진 물건을 담보로 회사에서 거래업체 사장이었던 A씨에게 5,000만 원의

농지 허가 · 신고 후 농지를 취득하는 경우는 농지취득증명서가 필요하지만 농지전용 협의 후 농지를 취득하는 경우에는 농취증을 필요로 하지 않는다.

물품을 지원했다는 설명이다. 그런데 감정시 평가사가 담보 제공자의 말만 듣고는 이 땅을 도로변의 다른 임야로 착각한 나머지 높은 담보가격을 산출했고, 그 평가서를 곧이 곧대로 믿은 ○기업은 막대한 피해를 보게 되었다는 것이다.

지방 임야의 경우 당시에는 거래가 많지 않았고 턱없이 부족한 감정평가사들이 처리해야 할 업무는 산적한 상황에서는 감정평가서에도 허점이 있을 수 있다. 현장에 밝은 전문가들은 임야의 경우 감정평가서나 감정가가 실제와 많이 다를 수 있기 때문에 반드시 현장을 방문, 가격의 적정성이나 부지의 현황 등을 파악한다.

어쨌든 501만 원에 낙찰받은 Y씨에게 홍성 교향리 임야는 나름대로 각별한 의미를 지니고 있다. Y씨에게는 병약한 딸이 있었다. 초등학교 6학년 때 생겨난 난치병으로 중학교에 진학해서도 수업은커녕 학교 생활에 적응조차 힘든 상황이었다. Y씨 딸의 병명은 홍반성낭창, 즉 '루프스'라는 병으로 붉은 반점과 짓무름 증상을 보이는 자가면역질환이었다. 루프스는 면역세포가 피부 · 신장 · 신경계 · 혈액 · 심장 · 폐 · 관절 · 근육 등 전신을 공격한다. 따라서 얼굴에 나비 모양의 반점이 나타나고 관절염 · 위장관염 · 간염 · 빈혈 · 신장염 · 우울증 · 정신병 · 간질 등 다양한 합병증으로 고통을 받는다.

이처럼 어린 나이에 감당하기 어려운 병마와 싸우고 있는 자신의 딸을 사랑으로 감싸 안아준 사람은 다름 아닌 딸아이의 중학교 담임교사였다. 부모 이상의 정성으로 돌봐준 그의 덕분으로 Y씨의 딸은 다시 희망을 갖기 시작했다. 딸의 삶을 다시 찾아준 그에게 Y씨는 감사한 마음을 전하고 싶었다. Y씨는 고마운 선생님께 교향리 땅을 증여의 형식으로 선물했다. 처음엔 펄쩍 뛰며 거절하던 선생님도 Y씨의 간절한 마음을 끝까지 뿌리치기가 어려웠다.

Y씨는 이제 성인이 된 딸을 보면서 중학교 때의 선생님은 어떻게 변하셨을까, 또 교향리는 지금 얼마나 달라졌을까 회고해 본다. 아마도 그 땅은 선생님께도 살면서 든든한 버팀목이 되어주지 않았을까 스스로 위로하면서….

4

중개업자도 변해야
살아남는다

중개업자는 땅을 살 때
무엇을 따지나

잘 모르고 어려울수록 원론을 따져보는 투자가 필요한 분야가 바로 땅이다. 실패하지 않는 땅투자를 위해서는 우선 지역의 발전 가능성을 따져야 한다. 전문가들은 해당 토지의 발전 가능성, 입지 여건, 공부상 하자 등을 꼼꼼히 살피라고 조언한다.

성공적인 땅투자를 위해서는 무엇을 가장 중요하게 따져봐야 할까. 토지분야 전문가들이 조언하는 요건에는 어떤 것들이 있을까. 거래 시 점검해야 할 구석이 많은 것이 땅인 만큼 어느 부동산 종목보다 전문가들의 조언이 필요한 부분이기도 하다.

토지전문 부동산중개업으로 잔뼈가 굵은 중개업자들은 토지 매입시 가장 중요하게 따져봐야 할 요건으로 지역의 발전 가능성, 해당 토지의 입지여건, 공부상 하자 여부 등을 꼽는다. 결론적으로 일반인들이 생각하는 요소와 별반 다르지 않다. 그러나 부동산 투자에서 항상 짚고 넘어가야 하는 부분은 원론적인 사안들이다.

거래시 주민등록증 대조 등을 통한 본인 확인절차가 필요하다는 사실을 알면서도 그저 '맞다'는 말만 믿고 덥석 계약을 하는 바람에 사기를 당하는 경우도 그렇고, 무리하게 대출을 받아 땅에 투자하여 좀처럼 팔리지 않아 마음 고생을 많이 하는 사람들도 결국 땅투자의 기본 원칙을 무시했기 때문에 낭패를 본 경우다.

모를수록, 어려울수록 원칙을 지키는 자세가 필요한 분야가 바로 땅이다. 실패하지 않는 땅투자를 위해서는 우선 지역의 발전 가능성, 즉 미래가치를 따져봐야 한다.

정부 정책을 통해 계획도시가 건설되고 유동인구가 늘어나면 향후 개발이 더욱 가시화될 것이다. 따라서 땅의 용도 변경이나 주변 지역 개발에 따른 가치 상승이 땅값을 올리는 데 결정적인 이유로 작용한다. 대기업의 공장이 이전하거나 규제 해제에 따른 개발 가속화도 땅값에 영향을 미치는 주요 요인이다.

최근 투자자들이 몰리는 행정수도 확정지 주변이나 서산, 영종도, 파주, 수도권 그린벨트 등 이른바 뜨는 지역은 향후 발전가치가 더 높을 것으로 판단되기 때문에 더 많은 사람들의 관심을 불러모으고 투자자들의 발길이 끊이지 않는 것이다. 결국 사겠다는 수요자가 많아지면 거래가 활발해지면서 자연스럽게 가격 상승으로 이어진다.

해당 토지의 입지여건을 파악하는 일도 매우 중요하다. 즉 토지 현황을 꼼꼼하게 살펴보아야 한다. 해당 토지가 맹지는 아닌지, 정부의 규제에 따라 개발이나 거래가 어렵지는 않은지, 땅의 생김새는 어떤지, 지금 '있는 그대로의 모습'도 무시할 수 없는 조건이 된다. 결국 현재 조건에 의해 향후 가치도 상당 부분 좌우된다고 할 수 있다. 싸다고 해서 냉큼 계약한 맹지는 10년이 흘러도 그 땅값 상승을 기대할 수 없다.

마지막으로 토지이용계획확인원, 등기부등본 등 공부를 잘 따져봐야 한다. 이 또한 아무리 강조해도 지나침이 없다. 언제, 어디서나 원칙이 편법보다 훨씬 중요한 투자방법임을 명심해야 한다.

김주현씨는 연기군 일대가 유망할 것이라는 주위의 말을 듣고 15년 전 충남 공주시 금남면 임야 2,400평을 평당 1만 5,000원에 매입했다. 늘그막에 땅이 든든한 자산이 될 수 있을 것이라는 판단과 이도저도 아니면 가족 묘지로 활용할 수 있지 않을까 하는 소박한 기대를 갖고 친구 6명과 공동으로 각각 2,400평씩 야산 전체를 사들였다.

교통여건이 썩 좋지 않았고 일대가 그린벨트로 묶여 있어 1980년 매입 당시 공시지가는 1만 원선이었다. 물론 당시로서는 결코 적지 않은 자금이었지만 큰 욕심 부리지 않는다는 생각에 묻어두면 언젠가 그 땅이 효자 노릇할 날이 올 거라는 막연한 기대를 가졌다. 그러나 그린벨트였던 땅은 개발 가능성이 희박해지면서 오히려 가격이 떨어져 2003년 기준 공시지가가 3,000원선으로 추락했다. 차라리 그 돈으로 아파트 분양권이라도 살 요량으로 3년 전부터 인근 중개업소에 팔아줄 것을 요청하고 있으나 아무도 입질을 하지 않아 그냥 떠도는 매물로 나와 있을 뿐이다.

그나마 최근 행정수도 후보지로 공주시 남면, 장기면 일대가 유력시

되면서 호가가 올라 평당 3만 원을 웃돌았으나 활용가치가 낮은 김씨의 땅에 일반 투자자들은 시세보다 싼값에도 고개를 가로젓는다.

팔려고 내놓아도 거들떠보지 않는 땅의 시가는 아무런 의미가 없다. 막연히 그린벨트가 해제될 것이라는 믿음으로 무모하게 투자한 땅은 김씨에게 기회비용 손실은 물론 15년 간의 금융비용만으로도 원금 이상의 손해를 입히고 있다.

당시 그린벨트에 대한 정확한 이해가 부족한 상황에서 언젠가 풀릴 것이라는 주위 말만 듣고 미래가치를 따져보지 않은 채 무리하게 계약을 했던 김씨는 최근 행정수도 지역의 땅값이 오른다는 얘기가 더욱 안타깝게만 들린다.

중개업자는
중개업자를 믿을까?

토지 시장에서는 가격이 투명하고 거래단계가 상대적으로 간단
한 주택에 비해 중개업자의 능력이나 노력이 더 많이 요구된다.
땅값은 그 성격상 투명하게 노출되기 어렵다. 또한 물건에 따라
매수 조건이나 거래허가 절차를 꼼꼼하게 살펴봐야 한다.

'중이 제머리 못 깎는다' 는 속담이 있다. 자신의 일을 스스로 처리
하지 못한다는 뜻으로 쓰이는 속담인데, 살면서 문득 이런 의문이 들
때가 있다. 예를 들어 솜씨 좋은 미용사는 자신의 머리를 누구에게 맡
길지, 소문난 역술인은 정작 자신의 팔자를 스스로 꿰뚫고 있는지, 뛰
어난 학원강사는 자기 자식도 잘 가르치는지 등이다.

부동산에 관심을 갖기 시작하는 초보자들을 만나면 종종 다음과 같
은 질문을 하곤 한다. "정말 돈이 되는 물건이 있으면 중개업자 자신이

사지, 투자자에게 권하겠습니까?"

"부동산 전문가들은 많은 사람들에게 투자 컨설팅을 해주고 있는 만큼 자기 자신도 부동산으로 거액을 벌었겠죠?"

절대적인 정답도, 오답도 없는 질문이지만 나 스스로도 가끔 이런 생각을 해본다. 중개업자가 자신의 부동산을 사고 팔 때는 어떤 중개업소를 찾을지 말이다. 우리나라에서 중개수수료에 대한 논쟁은 해묵은 과제이지만, 네티즌들은 반드시 중개수수료에 준하는 수수료를 요구하는 중개업소보다는 서비스가 돋보이고 전문성을 갖춘 중개업소를 훨씬 더 선호하는 것으로 나타나고 있다.

스피드뱅크가 네티즌 1,038명을 대상으로 실시한 설문조사에 따르면, 다시 찾고 싶은 중개업자 1위는 '사소한 것에도 친절하게 대해주는 중개업소(33.6%)'로 나타났고 '해박한 지식이 돋보이는 중개업소'가 28.7%로 2위를 차지했다. 계약 후에도 사후관리가 철저한 중개업소가 24%로 그 뒤를 이었으며 적당한 수수료만 요구하는 중개업소는 8.7%에 그쳐 가장 낮은 응답률을 보였다.

결국 투자자들에게 신뢰를 받을 수 있는 중개업자가 되려면 거래시 매도자와 매수자 사이에서 합리적인 의견조율을 이끌어내고 해박한 전문지식을 갖추고 있어야 한다.

일반 투자자들이 부동산 거래를 할 때 가장 먼저 만나게 되는 사람이 곧 중개업자다. 또 잔금을 치르는 거래의 마지막까지 관여하게 되는 사람 역시 중개업자다. 따라서 부동산 거래시 어떤 중개업자를 만나느냐에 따라 거래를 쉽고 깨끗하게 매듭 지을 수도 있고, 두고두고 낭패를 볼 수도 있다.

실제로 토지 시장에서는 가격이 투명하고 거래단계가 상대적으로 간단한 주택에 비해 중개업자의 능력이나 노력이 더 많이 요구된다. 땅값은 그 성격상 투명하게 노출되기 어렵다. 또한 물건에 따라 매수 조건이나 거래허가 절차를 꼼꼼하게 살펴봐야 하기 때문에 중개업자 역할이 매우 중요하다.

난이도 면에서 살펴본다면 토지시장은 초보 중개업자가 쉽게 뛰어들수 있는 분야가 아니라는 것이 중개업자들의 솔직한 고백이다. 중개업자의 기여도가 크다는 것은, 바꿔 말하면 중개업자의 능력이나 자의성이 개입될 수 있는 여지 또한 크다는 의미다.

양주시에서 15년 간 토지 전문중개업을 해온 P씨는 중개업자이지만, 중개업자들의 잘못을 날카롭게 꼬집는다. 중개업자들이 계약 성사만을 위해 입지여건이 좋지 않은 땅도 무리하게 거래를 주선하는 경우가 있다고 털어놓는다.

또 전문성이 부족해 실제 거래 당사자에게 전문 컨설턴트로서 조언해 주지 못하는 문제를 지적하기도 한다.

영종도에서 토지전문 중개업을 하고 있는 K사장은 영종도와 같이 경제특구법 등의 특별법이 적용되는 곳에서는 관련 법규에 대한 해박한 지식과 원주민들의 지역정서를 이해할 수 있는 노력이 무엇보다 중요하다고 강조한다. 상대적으로 높은 전문성이 요구되는 토지는 난이도 만큼 경력과 지속적인 노력이 뒷받침되지 않으면 중개에 나서기 어려운 분야다. 수시로 강화되는 법과 규제, 복잡한 거래 절차 등으로 본의 아니게 매수자나 매도자에게 불이익을 초래하는 결과를 낳을 수도 있다.

결국 토지투자 성공의 첫걸음은 제대로 된 경력과 노하우를 겸비한 중개업자를 만나는 일이라고 해도 과언이 아니다. 토지 투자시 수수료를 깎기 위해 흥정하기보다 능력 있는 전문가의 말에 귀를 기울이는 발상의 전환이 필요하다. 지금의 몇십만 원, 몇백만 원의 투자가 몇 년 뒤 몇천만 원, 몇억 원의 손실로 돌아올 수 있기 때문이다. 능력 있는 전문 중개업자는 남의 머리도 손질해 주고 제머리도 깎는다.

03

돈 되는 정보,
무시해야 할 조언

몇몇 중개업소에서는 무리한 대출을 통한 투자는 리스크가 크기 때문에 가능한 한 여윳돈 범위 내에서 작게 시작하라고 권고하기도 했지만, 이미 한껏 기대감에 부풀어 있던 강씨에게 그런 조언은 오히려 크게 투자하면 수익이 더 많을 수 있다는 확신처럼 들려왔다.

아파트 분양권 투자로 재미를 본 강정은씨는 여윳돈으로 새 투자 대상을 찾고 있었다. 1순위 청약통장을 활용, 2002년 용인 죽전지구 39평 아파트를 2억 8,900만 원에 분양받은 후 2003년 5월 3억 5,000만 원을 받고 팔아 6,000만 원의 차익을 올렸다. 불과 1년여 동안 투자수익이 6,000만 원에 이르렀다는 사실은 그 동안 은행 정기예금 등으로 차곡차곡 돈을 모아왔던 강씨에게 몹시 흥분되는 일이 아닐 수 없었다.

분양권을 처분하면서 강씨는 가격이 수직 상승하고 있는 재건축 아파트 투자를 고려했으나 참여정부가 고강도 부동산 안정대책을 내놓고 있어 오르는 재건축 아파트 가격이 언제 고꾸라질지 모른다며 주위 중개업소에서는 신중 투자를 권했다. 사실상 입지가 좋은 지역의 재건축 아파트 투자를 위해서는 현재 살고 있는 집을 담보로 2억 원가량 대출을 받아야 하는 입장이라 이 또한 여간 부담스럽지 않았다.

결국 강씨가 대안으로 찾은 분야가 바로 땅이었다. 어느 지역을 선택할까 고민하던 강씨는 당시 신도시 지정으로 땅값이 치솟는 김포가 눈에 들어왔고, 현지 중개업소를 방문하는 등 마땅한 투자대상을 물색했다.

처음에는 땅이라는 분야가 너무 낯설고 생소해서 투자에 대한 믿음을 갖는 데 2주 정도가 걸렸다. 현지 중개업자들은 규제가 심한 주택보다는 상대적으로 가격에 대한 정보 노출이 적어 세금 부담이 낮고 가격 상승 가능성이 높은 땅이 훨씬 유망하다고 설명했다.

'땅은 거짓말을 하지 않는다'는 격언을 과거 여러 사람의 투자 사례를 통해 간접 경험할 수 있었던 강씨는 땅투자에 대한 두려움을 점점 확신으로 바꾸어갔다.

마침내 투자를 결정하고 지역 탐방에 나섰다. 주변에서는 토지거래 허가구역으로 묶인 김포시보다 상대적으로 투자가 쉬운 곳으로 가라고 권유했다. 하지만 신도시 개발로 땅값이 뛴 분당이나 일산의 경험에 비춰볼 때 480만 평 규모의 신도시 개발이라는 확실한 비전은 그 어느 곳보다 투자가치가 높을 것임을 확신시켜 줬다.

신도시 개발로 7만 가구가 들어서고 21만 명의 인구가 유입된다면 신도시 무임승차를 위한 인접지역 개발도 가속화되고, 경전철이나 기타 교통여건도 눈에 띄게 개선될 것이 분명했다. 김포 관내 여러 중개업소에서는 신도시 건설계획과 취득을 위한 절차에 대해 자세하게 설명해 주었다.

현지 중개업소를 방문할 때마다 강씨의 기대는 점점 커져만 갔다. 당초 여유자금 2억 원 정도에 맞춤한 투자물건을 찾고 있던 강씨는 급기야 모험을 시도했다. 좀 무리하더라도 입지가 좋고 큰 물건을 잡으면 그만큼 더 수익이 높아질 것이라는 말에 귀가 솔깃해진 것이다.

1년 내에 가격이 두 배 오를 것이라는 얘기도 들었고 심지어는 3년 안에 4~5배는 뛸 것이라는 말을 듣다 보니 자금에 대한 부담감이 점점 희미해졌다.

몇몇 중개업소에서는 무리한 대출을 통한 투자는 리스크가 크기 때문에 가능한 한 여윳돈 범위 내에서 작게 시작하라고 권고하기도 했지만, 이미 한껏 기대감에 부풀어 있던 강씨에게 그런 조언은 오히려 크게 투자하면 수익이 더 많을 수 있다는 확신처럼 들려왔다.

강씨가 찍은 물건은 운양동의 답 1,000평이었는데 50만 원에 나와 있었지만 45만 원 정도면 살 수 있어 총 4억 5,000만 원의 투자금 중 2억 원가량이 부족한 상황이었다. 또한 토지거래허가구역으로 묶인 김포시에서 농지 취득을 위해서는 세대원 전원이 해당 지역에 거주해야 하므로 거주지 이전이 불가피했다.

결국 강씨는 분당의 33평 아파트를 처분한 후 20평형대 아파트를 전세를 끼고 매입, 전세보증금으로 자신들은 김포의 32평 아파트로 전세를 얻어 옮겨오면서 차액 2억 원을 땅 매입에 보탰다. 자녀들은 대학에 다니고 있어 교육문제는 큰 걸림돌이 되지 않았지만 강남으로 출퇴근하는 남편의 불만은 이만저만이 아니었다.

그러나 몇 년만 불편을 감수하면 대박이 날 것으로 기대했던 강씨는 1년이 지나면서 청천벽력과 같은 발표를 접하게 되었다. 김포 신도시가 150만 평 규모로 축소 개발된다는 보도였다. 강세를 보이며 치솟던 땅값이 멈춰섰고 매물을 구한다고 빗발치던 전화도 끊겼다.

설상가상 분당의 아파트는 세입자가 지방 발령을 받게 되었다며 보증금을 빼달라고 요구해 왔다. 하지만 이미 은행 대출금과 토지 매입비용으로 충당한 자금은 어떻게 돌릴 수도 없는 상황이었다.

결국 본인의 자금력에 대한 진단 등 투자 가능성에 대해서는 스스로 냉정하게 판단해야 할 부분이었으나 너무 주위의 보랏빛 전망에만 귀를 기울인 것이 가장 큰 패인으로 작용했다.

04

텃새 중개업자
VS 철새 중개업자

'부동산은 발로 사라'는 말이 있지만, 서산 땅을 사기 위해 반드시 서산의 중개소를 찾아야 하는 것은 아니다. 투자자들은 지역에서 잔뼈가 굵은 텃새 중개업자를 찾는 것이 유리한지, 또는 정보에 빠른 철새 중개업자가 더 나은지 고민할 수밖에 없다.

바야흐로 중개업소도 경쟁력을 갖춰야 할 시대다. 시대 흐름에 따라 투자자들이 몰리는 곳으로, 투자유망 종목으로 나서는 것이 불황을 타개하는 방법 중 하나다. 분양권 투자가 소액 투자자들의 지갑을 열게 했던 2000년 초반에는 중개업 창업 1번지가 곧 수도권이었다. 서울보다 경기도의 대규모 택지개발지구나 대단위 아파트는 권리금도 없는 알짜 상가를 차지할 수 있어 더없이 좋은 곳이었다.

그러나 2002년부터 시작된 정부의 고강도 주택시장 규제는 투자자들의 발길을 토지시장으로 이끌었다. 개발호재가 많은 천안, 아산 및 서산 일대 충청권과 주5일근무제 시대를 맞아 펜션 개발로 인기가 높은 평창 등 강원권과 경관이 수려한 수도권의 신도시 개발 예정지 등으로 투자자들의 관심이 쏠리기 시작했고, 중개업소도 이른바 '뜨는 지역'으로의 갈아타기가 이어졌다. 대로변 좋은 입지는 큼직한 간판의 새로운 중개업소가 자리잡았다.

호랑이를 잡으려면 호랑이 굴로 가야 하고 '부동산은 발로 사라'는 말이 있지만, 서산 땅을 사기 위해 반드시 서산의 중개업소를 가야 하는 것은 아닐 터다. 투자자들은 지역에서 잔뼈가 굵은 텃새 중개업자를 찾아가는 것이 유리한지, 아니면 정보에 빠른 철새 중개업자가 더 나은지 고민할 수밖에 없다.

강동구 고덕동에서 20년 간 토지를 전문중개한 K씨는 한 마디로 '구관이 명관이다'는 주장을 펴는 이른바 '보수파'다. 토지 거래가 성사되기 위해서는 저렴한 가격에 땅을 내놓도록 매도인을 설득하는 이른바 '작업'이 필요하기 때문이다. 원주민들은 개발 붐을 타고 외지에서 밀려드는 투자자들을 곱게 볼 리 만무하다. 따라서 해당 지역에서 잔뼈가 굵은, 원주민들과의 유대관계가 두터운 중개업자가 나서 원만하게 의견조율을 하는 과정이 필요하다. '작업'이란 그 동안의 신뢰가 뒷받침돼야 가능하다는 뜻이다.

또 소유권 이전이나 인허가를 위해 중개업자가 매수자측의 컨설턴트 역할을 해야 하는 경우가 많다. 따라서 녹록지 않은 관청업무도 생면부지의 외지인보다는 오랫동안 지역에서 활동한 중개업자가 훨씬 유리하다고 말한다. K씨는 사람들과의 관계를 유지하기 위해 거의 매일 술로 지낼 정도라고 털어놓는다.

이에 대한 반론도 만만치 않다. 이른바 '소장파'에 해당하는 신흥 세력들은, 해당 지역에서 중개업을 영위해 온 기간은 큰 의미가 없다고 주장한다. 가장 중요한 것은 그 중개업자가 어느 정도의 전문성을 갖추고 적극적으로 일할 수 있는 사람이냐에 따라 그 결과가 달라진다는 설명이다.

서울에서 중개업을 하다가 2003년부터 충남 서산으로 옮겨 토지 전문중개에 나선 G씨는 다른 중개업자와의 원만한 유대관계를 통해 1년 만에 현지에서 자리를 잡을 수 있었다. 대산항 개발과 대전~당진 고속도로 개통 등의 호재로 2003년부터 외지인들의 투자가 많은 곳이라 입지가 좋은 지역은 외지 중개업자가 일찌감치 자리를 차지했다.

그리고 예전부터 자리를 지켜온 중개업자는 소극적 태도나 구태를 면치 못해 결국 이 일대는 대부분 새로 이전한 중개업소로 탈바꿈하게 되었다.

땅이란 1~2년의 단기 투자를 통해 수익을 창출할 수 있는 물건이 아니다. 그 땅이 어떤 용도로 개발될 수 있는지, 취득 자격은 어떠한지, 향후 개발 가능성은 어느 정도인지 등과 관련된 법규를 꿰뚫고 있어야 함은 물론이고 시대적 상황에 따라 특별법이 생기거나 규제정책이 발표되기도 하므로 과거의 사례나 경험 또한 사전적 지식 못지않게 중요하다.

토지시장에서 20년 이상 경력을 쌓은 한 중개업자는 토지전문 중개업소라는 수식어를 달기 위해서는 적어도 10년은 이 바닥에서 노력해야 한다고 뼈 있는 한 마디를 던진다. 결국 텃새 중개업자로서 해당지역에 오랫동안 그 영역을 충실하게 확보하고 있다면 과거 투자자들에게도 이미 검증을 받은 것이라고 판단할 수 있다.

다만 오랜 기간의 경험과 지역적 연고를 확보하고도, 관록이 있어야 할 중개업소가 새로 자리잡은 '철새' 중개업소보다 투자자들로부터 인정을 받지 못한다면 이미 기득권층으로서의 지지기반을 잃은 것이나 다름없다고 소장파들은 일침을 놓는다. 영원한 텃새도, 영원한 철새도 없는 것이 최근 우리나라의 토지시장이다.

중개업소는 어떻게
선택해야 할까

정가가 없는 토지거래의 가격을 제대로 파악하기 위해서는 기본적으로 현지 중개업소의 매물 가격 수준을 파악하고 있어야 한다. 그래야만 가격협상에서 유리한 고지를 점할 수 있다. 한두 번 몸이 피곤하면 평생 마음이 편한 결과를 얻을 수 있다.

목동에 사는 김은영씨는 2003년 초부터 땅에 관심을 갖기 시작했다. 일간신문과 부동산 인터넷 사이트에 게재된 정보를 꼼꼼히 살펴보며 투자매물 동향에 각별하게 주목했다.

신문 지상에 오르내리는 곳은 많은데, 정녕 어느 곳을 선택해야 할지 땅투자에 경험이 없던 김씨는 그저 막막하기만 했다. 어느 날 신문기사를 유심히 살펴보던 중 서산 땅에 대한 매물 광고가 눈에 들어왔다. 생판 지리도 잘 모르는 서산을 혼자 가기가 겁나 망설이고 있던 차에 마침 광고를 낸 중개업소가 서울에 자리하고 있었기에 김씨는 즉시 전화를 걸었다.

중개업소를 찾아가 상담을 하니 몇 군데 좋은 입지라는 매물을 소개해 주었다. 서해안고속도로 개통 후 서산·당진 일대의 접근성이 호전되고 주변에 국내 유수 기업의 자동차공장이 이전할 계획이라는 설명과 함께 지금 사두면 몇 년 후 몇 배 수익을 남길 수 있다는 귀띔에 김씨는 귀가 솔깃해졌다.

중개업소가 추천한 물건은 서산시 지곡면의 답 1,000평으로서 총 1억 원(평당 10만 원)의 자금이 필요했다. 도로에 접해 있는 번듯한 땅으로 누가 봐도 좋은 물건이라는 감탄사가 나올 정도였다. 마음의 결정을 한 김씨가 계약의사를 내비치자 땅 주인은 평당 11만 원을 요구한다는 것이었다. 순식간에 예상치 않은 1,000만 원의 추가 비용부담이 발생하자 김씨는 난색을 표했고 계약이 결렬될 상황이었다.

결국 김씨가 찾아간 중개업소에서는 서산과 서울을 직접 오가며 조정을 벌임으로써 매도인 설득에 성공했다. 그 덕분에 김씨는 처음에 제시받은 평당 10만 원에 계약서를 작성했다.

처음엔 평당 10만 원에 나온 물건인 만큼 김씨는 내심 일정 정도 깎을 수 있으리라 기대했었다. 하지만 갑자기 매도자가 변덕을 부려 깎아달라는 말은 꺼낼 수조차 없는 형편이 되어 매도자가 요구하는 금액대로 계약을 해야 했던 점이 못내 아쉬웠다. 그래도 성의를 다한 중개업자 덕분에 그나마 적당한 가격에 살 수 있었다는 흐뭇한 마음도 들었다.

김씨가 매입한 서산 땅은 1년여가 지난 2004년 초, 평당 11만 원을 줘도 절대 살 수 없을 정도로 그 값이 올라 있었다.

김씨는 재테크에 관심을 갖고 있는 친구들에게 자신의 경험담을 바탕으로 적극 땅투자를 권했다. 그 중 한 친구가 용기를 내 현장답사에 나섰다. 자신의 땅을 보여주고자 현장에 도착한 김씨는 현지 중개업소를 통해 유쾌하지 않은 소식을 듣게 됐다.

우연히 찾은 중개업소로부터 김씨가 2003년에 산 땅은 사실 매도자가 평당 9만 원을 받아달라며 자신에게 부탁했었다는 것이다. 사건의 개요는 다음과 같다.

급히 처분하려던 매도자는 현지의 여러 중개업소에 김씨가 매입한 물건을 내놓았다. 그런데 김씨와의 계약을 주선했던 서울 중개업소와 줄이 닿았던 현지의 한 중개업소가 이익을 더 남기기 위해 매도자 핑계를 대며 11만 원으로 가격 올리기를 시도했던 것이다. 그러다가 서울 중개업소와 마찰을 빚었고, 마침내 서울 중개업소의 요구대로 10만 원에 팔게 된 것이다.

김씨는 계약 전에 좀더 적극적으로 현지 중개업소를 통해 물건에 대한 정보를 파악해 두지 않은 것이 몹시 후회스러웠다. 물론 현재는 가격이 올라 땅투자에 나섰던 것을 다행으로 여기고 있지만 스스로 좀더 부지런히 발품을 팔았다면 계약의 주도권을 쥘 수도 있었을 것이라는 자책이 서울에 도착할 때까지 줄곧 머릿속을 떠나지 않았다.

최근 땅투자 인기가 높아진 반면 정부의 강력한 규제로 주택시장은 고전하고 있다. 따라서 과거 주택을 전문 중개했던 중개업소들도 너나

할 것 없이 토지시장에 뛰어들면서 그 경쟁이 어느 때보다 치열해지고 있다. 서울 한복판에 자리한 중개업소들이 강원도나 충청도, 제주도 물건의 매매를 주선하고 있어 현지 거래가격에 대한 시장조사 없이 서울에서 지방 땅을 계약하는 투자자들도 늘고 있다.

정가가 없는 토지의 가격을 제대로 파악하기 위해서는 기본적으로 현지 중개업소의 매물 가격 수준을 파악하고 있어야 한다. 그래야만 가격협상에서 유리한 고지를 점할 수 있다. 한두 번 몸이 피곤하면 평생 마음이 편한 결과를 얻을 수 있다는 것을 굳이 김씨의 사례를 들지 않아도 우리는 이미 알고 있지 않은가.

06

매도자 구슬리기,
매수자 설득하기

개발호재가 있거나 땅의 가치를 높일 만한 계획은 분명 투자자들
에게도 관심거리다. 그러나 현지의 중개업소는 개발 후 미래가치
를 과대 포장하는 경우도 많다. 후회 없는 투자를 위해서는 다른
지역의 중개업자 이야기에도 귀를 기울일 필요가 있다.

신도시 후보지 지정 얘기가 심심찮게 흘러나왔던 2003년 중개업자
B씨는 분양권 전매가 사실상 금지되면서 투자자들이 땅투자에 관심이
많은 점을 활용해 수도권 주변 유망 투자지역을 물색하다가 김포로 자
리를 옮겼다.

김포는 서울에 인접해 있는데도 교통여건이 좋지 않아 땅값이나 아
파트 값이 상대적으로 높지 않은 상황이었다. 북측의 파주시는 교하 등
택지개발지구가 지정돼 있는 등 호재는 있지만 분단이라는 특수 상황

으로 인해 적극적 투자를 기피하는 추세가 뚜렷했다. 하남시는 그린벨트 면적이 넓어 투자할 수 있는 토지에 한계가 있을 수 있다고 B씨는 판단했다.

김포에 둥지를 튼 B씨는 적극적인 영업을 펼쳤다. 자리를 옮기고 얼마 되지 않아 정부에서 김포 운양, 장기동 일대에 480만 평 규모의 신도시를 개발하겠다는 빅 뉴스를 발표했다. 예상대로 땅값은 물론 아파트 값도 2,000만~3,000만 원 이상 뛰어올랐고 서울 투자자들의 문의가 쇄도했다.

지역 사정에 그리 밝지 않은 B씨였지만 특유의 영업력과 원만한 대인관계를 발휘해 여러 건의 토지 거래를 성사시켰다. 1만 평의 교육단지를 신설, 외국인 자녀 교육시설과 영어마을을 만들고 국제 교류단지 및 국제 교류센터 등 일산 신도시를 능가할 새 도시가 건설된다는 꿈 같은 계획은 외지 투자자들의 구미를 당기기에 충분했다.

신도시 건설을 썩 달갑지 않게 여긴 신도시 지역 원주민들은 토지 물건을 넘기는 데 인색했지만, 조금씩 웃돈을 얹어주기도 하고 술도 한잔 사면서 물건 작업에 열을 올렸다. 반면에 매수자에게는 조금 웃돈을 얹어주더라도 지금 물건을 잡아둔다면 1년 후 몇 배 이상의 가격 상승도 기대할 수 있을 것이라고 호언장담했다. 게다가 일산이나 분당 신도시 개발로 하루 아침에 땅부자가 된 사람들의 사례까지 들춰가며 투자자의 심리를 자극하기도 했다.

물론 주변 중개업자들의 시선이 곱지만은 않았다. B씨가 흔히 말하는 철새 중개업자로서 자신들의 경쟁상대라는 점은 제쳐두고라도, 투

자자들의 판단에 조언을 주기보다는 경쟁심리를 자극해 투자에 나서게
하는 교묘한 화법은 우려를 자아내기에 충분했다.

더욱 문제가 된 것은 아직 계획일 뿐, 택지개발 예정지구로 지정이
안 된 상태이므로 계획이 현실로 이루어질지에 대해서는 선뜻 누구도
확신할 수 없었기 때문이다.

주위에서는 우리나라의 행정이 계획대로 추진된 경우가 드물고 그
과정에서 계획 자체가 축소·변경되는 사례도 많기 때문에 속도를 늦
출 것을 권유했다.

하지만 B씨는 계약만 성사된다면 설령 계획이 제대로 추진되지 않는
다 하더라도, 이는 중개업자가 책임을 져야 할 귀책사유나 중개사고가
아니라는 생각에 충고를 귀담아듣지 않았다.

그러나 1년 여가 지난 2004년 6월 말, 군사보호시설 문제로 김포 신
도시를 150만 평으로 축소 개발한다는 발표가 나오면서 판도가 달라지
기 시작했다.

계약을 앞두고 있던 땅투자자들은 물론 2003년 계약한 투자자들로
부터도 항의나 불평을 늘어놓는 전화가 빗발쳤다. 물론 B씨의 예상대
로 중개업자에게 책임을 물릴 수 있는 사안은 아니지만, 그 동안 480만
평에 이르는 대규모 신도시를 앞세워 무리할 정도로 토지 마케팅에 나
선 B씨는 심리적 부담감을 떨칠 수 없는 상황에 몰렸다. '계획은 계획일
뿐'이라는 주위의 조언을 너무 무시한 것은 아닌가 하는 뒤늦은 후회가
찾아왔다.

개발호재가 있거나 땅의 가치를 높일 만한 계획은 분명 투자자들에

게도 관심거리일 수 있다. 그러나 현지의 중개업소는 개발 후 미래가치를 과대 포장하는 경우도 많다. 후회 없는 투자를 위해서는 관심지역에 대한 문제점을 지적하는 다른 지역의 중개업자 이야기에도 귀를 기울일 필요가 있다.

07

토지거래도
마케팅이 필요한 시대

토지의 현황이나 가격, 전화번호만 알리는 홍보방법에서 벗어나
매물의 자세한 입지와 어떤 부지로 활용이 가능한지, 토지의 효
율성을 높일 수 있는 방법이 무엇인지를 포함하는 구체적 마케
팅이 절대적으로 필요하다.

10년 이상 땅투자에 전념해 온 김달영씨는 자타가 공인하는 고수다.
김씨는 나름대로 독특한 투자방법을 갖고 있다. 땅투자자들은 대부분
개발호재가 있다고 입소문에 오르는 지역에 관심을 갖는다. 반면에 김
씨는 지역에 상관없이 시세보다 저렴한 물건이 나오면 모두 투자대상
으로 주목했다.

  물론 고속철도 개통이나 서해안고속도로 개통, 주5일근무제에 따른
수도권 휴양시설 급증 등의 전반적인 흐름을 예의주시하고 충청권 서

부나 강원도, 경기도 지역의 투자에 집중했지만 그 밖의 지역이라도 입지가 좋은 땅은 항상 그의 가시권 안에 있었다.

그는 한 지역에서 너무 큰 땅을 사지 않는다는 투자원칙을 갖고 있다. 따라서 규모가 큰 경우에는 상황에 따라 필지를 분할·처분하기도 했다. 보유 시기는 토지에 따라 1년의 단기투자로 승부를 내는 경우도 있었지만 대부분 평균 3년가량을 투자기간으로 삼았다.

우스갯말로 전국적으로 자신의 땅이 아니었던 곳이 없다고 할 만큼 토지거래에 적극적이었던 그의 최대 장점은 뛰어난 마케팅 능력이었다. 발이 넓은 그에 대한 얘기를 듣고 소개받아 찾아오는 매수자들도 있었고, 한 번 그에게 땅을 산 후 다시 찾아오는 투자자들도 적지 않았다.

그는 매수자를 찾기 위한 적극적 마케팅을 효과적으로 활용했다. 인터넷을 통한 홍보뿐 아니라 일간 신문 등의 대중적 홍보 수단도 그의 효과적인 마케팅 방안이 되었다. 홍보시에는 무턱대고 현황이나 가격, 전화번호만 기입하는 것이 아니라 자세한 입지와 어떤 부지로 활용 가능한지, 또 어떻게 활용하면 효율성을 높일 수 있을지에 대해 구체적으로 설명함으로써 수요자들이 믿고 찾아올 수 있도록 했다.

토지의 경우 주택보다 환금성이 떨어지는 상품이라는 점 때문에 자금이 묶일 수 있다는 점을 우려하는 사람들에게 그의 사례는 좋은 귀감이나 해결방안이 될 수 있을 것 같다. 김씨는 토지뿐 아니라 자신이 매수한 부동산을 매입한 그대로 파는 경우가 드물었다. 1998년 IMF 외환위기로 상가나 기업이 파산하는 위기를 겪는 동안 청주의 상가가 경매

시장에 나왔다. 상가별 개별 경매가 진행됐는데 3회 유찰 후 시세의 절반값에 낙찰을 받았다. 전체 10여 개 상가 중 본인이 낙찰받은 3개의 상가는 깨끗이 청소를 한 후 창고로 활용할 수 있도록 자금을 투자해서 모양새를 갖췄다.

이를 창고 부지로 유망한 물건이라고 홍보하고 입지에 대한 자세한 설명도 부가해 올렸더니 1주일 만에 매수자가 나섰다. 그는 낙찰가보다 30% 비싼 가격에 이 상가를 처분할 수 있었다. 심지어 다른 사람들이 낙찰받은 상가는 임차인을 찾지 못해 상가로서 수익을 내지 못하는 물건으로 전락하게 되자, 낙찰자가 다시 시장에 헐값에 내놓았는데, 김씨는 그 상가까지 매입해서 창고 용도로 추가 처분했다.

김씨는 자신이 사들인 땅도 항상 예쁘게 화장을 했다. 지역 여건과 해당 부지의 입지를 감안, 적절한 수요자와 만나게 하는 방법을 활용해 지금까지 땅에 돈이 묶여 어려움을 겪었던 일은 없다고 장담한다. 토지 마케팅의 귀재였던 김씨는 먼저 좋은 땅을 사려고 노력했고, 두번째는 적절한 용도로 쓰일 수 있도록 다듬질했고, 세번째는 효과적인 홍보수단을 통한 광고로 땅의 가치를 높였던 것이다.

부동산은 무엇보다 입지가 중요하지만 어떻게 활용하느냐에 따라서도 그 가치가 달라지게 마련이다. 땅도 마찬가지다. 그냥 원석 그대로의 토지를 파는 것보다 잘 가꾸고 다듬어진 보석을 훌륭한 케이스에 넣어 판다면 아마도 몇 배 이상의 가격으로 그 가치를 인정받게 될 것이다.

5

절세가
땅부자를 만든다

01

투기지역에도
종류가 있다

최근 들어 땅투자에도 빨간불이 켜졌다. 부동산 투기 단속을 위해 정부가 나서면서 주택과 마찬가지로 토지 등 투기지역으로 지정된 곳에서는 실거래가로 양도세를 부과해 투자자들의 세금 부담이 급격히 늘고 있기 때문이다.

부동산 투기 단속이나 가격 안정화를 위해 정부가 단골로 내놓는 대책 중 하나가 바로 세무조사다. 부동산 가격이 크게 올랐던 1970년대 말과 1980년대 말에도 자금출처 및 세무조사가 부동산으로 흘러드는 투자자금을 일정 부분 차단하는 효과를 가져왔다.

부동산 투자에 관심이 있는, 그 중에서도 땅을 선호하는 투자자들은 토지의 과세 기준이 되는 공시지가가 실제 거래가와 차이가 크기 때문에 세금을 낸다 하더라도 얻는 차익에 비해 미미한 수준이라는 점을 매력으로 꼽는다. 해마다 공시지가를 실거래가에 근접한 수준으로 끌어올리고는 있으나 여전히 시세보다 30% 이상 저렴한 수준이고 1년에 한 번 조사되는 공시지가는 급격하게 오르는 지역의 시세를 반영하는 데 무리가 있다. 결국 이런 현실은 땅투자자들에게 큰 매력이 아닐 수 없다. 그러나 최근 들어 땅투자에도 빨간불이 켜졌다. 주택과 마찬가지로 토지 등 투기지역으로 지정된 곳에서는 실거래가로 양도세를 부과해 투자자들의 세금 부담이 급격히 늘고 있기 때문이다.

양성철씨는 강서구 발산동에서 터줏대감으로 통한다. 근처에 양씨가 소유한 땅만 해도 적지 않아 예로부터 동네 유지로 통했다. 그러나 2005년부터 부동산세가 신설되고 공시지가 현실화 비율이 높아질 것이라는 보도를 접한 양씨는, 땅값이 오르고 있는 2004년 안에 부동산을 일부 처분키로 하고 중개업소를 통해 토지와 주택을 각각 계약했다.

토지는 발산역 서측에 자리한 '답'으로 맹지였다. 하지만 이 일대가 택지개발지구로 지정되면서 가격이 오르고 있어 물건을 내놓자마자 사겠다는 사람이 나타나 기대보다 빨리 계약서를 작성했다. 10여 년 전 매입한 이 토지는 2004년 기준 공시지가가 평당 86만 원선이었다. 그러나 실거래가는 평당 130만 원선으로 토지투기지역으로 지정된 강서구에서는 실거래가로 양도세를 부과하게 되므로 양씨는 기대보다 많은 양도소득세를 내야 할 판이었다.

그러나 양씨가 지난 2001년 구입한 주택은 상황이 달랐다. 양씨가 보유한 지는 만 3년이 겨우 넘었지만 실제 거주하지 않았고, 이미 현재 살고 있는 한 채의 주택이 있어 비과세 요건에는 해당하지 않는

투기지역과 비투기지역 상품별 양도세 부과 기준

보유 기간	종류	투기지역		비투기지역
		주택투기지역	토지 등 투기지역	
1년 미만	모든 부동산	실거래가	실거래가	실거래가
1년 이상	토지	기준시가	실거래가	기준시가
	주택	실거래가	기준시가	기준시가
	상가	기준시가	실거래가	기준시가
분양권		실거래가	실거래가	실거래가
고가주택		실거래가	실거래가	실거래가
1세대 3주택자		실거래가	실거래가	실거래가

다. 그렇다면 주택도 실거래가로 양도세를 내야 할까? 투기지역은 주택과 토지 등 주택 이외에 대해 따로 지정하고 있다. 따라서 강남구·서초구 등과 같이 주택투기지역이면서 토지투기지역인 지역이 있는가 하면 동작구·마포구처럼 주택투기지역에는 해당되지만 토지투기지역에는 해당되지 않는 곳도 있다.

반면 강서구는 토지투기지역으로는 지정돼 있으나 주택투기지역은 아니기 때문에 주택은 기준시가에 준해 양도세를 내면 된다.

그렇다면 투기지역은 어떻게 선정되나? 기준이 되는 기간의 토지나 주택가격 상승률이 전국 평균이나 전월 물가상승률을 초과한 지역을 대상으로 심사를 통해 결정한다. 따라서 토지나 주택가격이 안정세를 유지하면서 추가 상승의 가능성이 적은 곳은 투기지역에서 해제될 수 있다. 실제로 지방 등 일부 지역에 대해서는 투기지역 해제를 검토하고 있는 것으로 알려져 투기지역 지정 또는 해제의 시차를 적절히 활용하는 것도 세금을 아끼는 방안이 된다.

토지투기지역의 상가 양도세는
실거래가로 부과해야 한다

양도세는 투기지역이냐, 아니냐에 따라 기준시가에 준해 신고해야 하는지, 실거래가로 부과해야 하는지가 결정된다. 그러나 상품에 관계없이 1년 미만의 단기 전매 부동산에 대해서는 양도세를 실거래가로 부과하는 것이 원칙이다. 이 때의 기준은 투기지역과 비투기지역의 구분과 관계없이 적용되기 때문에 부동산 매입 후 단기 전매 시에는 세금으로 양도차익을 바치겠다는 각오가 있어야 한다.

그러나 1년 이상 보유한 부동산의 경우는 투기지역이냐, 비투기지역이냐에 따라 달리 적용된다. 물론 비투기지역에서는 주택이나 토지 등 부동산에 대해 기준시가에 따라 양도세를 납부하면 된다.

반면에 주택투기지역에서는 주택 및 그 부속토지에 대해서만 실거래가로 내면 되고 토지투기지역에서는 주택 이외 토지 등의 부동산에 대해 양도세를 실거래가로 부과토록 하고 있다. 그렇다면 예를 들어 토지투기지역인 강서구에서 상가를 판 사람도 양도세를 실거래가로 부과해야 한다는 얘기가 된다.

모든 법칙에 예외가 있듯 양도세 기준도 그렇다. 분양권과 6억 원 이상의 고가 주택, 1세대 3주택자에 대해서는 비투기지역이라도 실거래가로 양도세를 납부해야 한다. 물론 관행상 실제 거래한 금액보다 조금씩 가격을 낮춰 계약서를 쓰는 경우가 있지만 부동산 거래시 양도세 부담이 과거보다 크게 늘어난 것은 투자자들이 직시해야 할 현실이다.

02

투기지역 지정 전
매입한 땅의 양도세

토지투기지역에서 양도세를 계산할 때는 실거래가 기준으로 세금을 계산한다. 시·군·구청에 신고된 금액이 실제 금액과 차이가 있다면 실제 취득한 매매계약서, 취득 당시 영수증, 관련 거래내역을 확인할 수 있는 통장 등을 가지고 세금을 계산하는 것이다.

세무조사를 받아본 사람은 누구나 고개를 절레절레 흔든다. 어떤 이유에서든지 세무조사라는 이름 하에 자신이 낱낱이 드러나는 것은 그다지 유쾌한 일이 아니기 때문이다. 특별히 문제될 것이 없는 상황이라 할지라도 세무조사라는 상황은 사람들을 위축되게 만든다.

털어서 먼지 안 나오는 사람이 어디 있던가? 필자와 안면이 있는 건교부 공무원조차 예전에 세무조사를 받았던 기억을 떠올리며 고개를 흔드는 것을 보면 아마도 살면서 안 당해도 좋은 일임에 분명하다.

세무조사는 투기가 성행하거나 우려되는 지역에 대해 실시된다. 하지만 국세청 단속반이나 직원의 숫자가 부동산 거래 건수보다 턱없이 부족하기 때문에 의심이 가는 거래에 대해 집중 추궁하게 된다. 대표적 사례는 부동산 거래가 잦거나 단기에 양도하는 경우다. 미등기전매가 법으로 금지되어 있는 상황에서 사고 파는 거래 사실이 투명하게 노출되므로 가급적이면 단기차익을 노린 거래나 1년 내 잦은 부동산 거래는 단속의 대상이 되기 쉽다는 점을 다시 한번 되새겨야 한다.

사실 정당한 절차를 통해 거래한 경우 세무조사가 뭐 그리 겁나겠냐고 반문할 수도 있지만, 부동산 투자자들의 경우 양도세를 줄이기 위해 실제 거래한 금액대로 신고하는 사례가 매우 드물다. 사안에 따라서는 매도자와 매수자의 협의 하에 실제 거래한 금액을 크게 낮춰 계약서를 작성하는, 이른바 '다운(down) 계약서'를 쓰는 경우도 적지 않아 세무조사의 대상이 된다면 양도세를 더 내야 하는 상황이 벌어질 수 있는 아픔이 있기 때문이다.

2002년 3월 천안시 입장면에 전 1,000여 평을 매입한 장태경씨는 최근 고민에 빠져 있다. 난생 처음 토지를 매입했고 계약 당시 매도인이 자신도 양도세를 줄이고 장씨도 취등록세를 줄이는 방법으로 '다운 계약서'을 써달라고 요구했다. 개운치는 않았지만 거래관행이라며 주위에서도 권유했고 본인도 취등록세를 낮출 수 있는 직접적인 효과가 있어 장씨 역시 관행(?)대로 공시지가 수준에서 계약서를 작성해 등기를 마쳤다.

그런데 천안시가 2003년 5월 토지투기지역으로 지정돼 양도세를 실

투기지역 지정 현황(2004년 8월 말 현재)

토 지 투 기 지 역		지정일자
서울(8)	강남구, 서초구, 송파구, 강동구, 용산구, 강서구, 양천구, 구로구	2004.2.26
경기 (17)	김포시	2003.8.18
	고양시 덕양구, 성남시 수정구 · 중원구 · 분당구, 남양주시, 평택시, 하남시, 화성시	2004.2.26
	오산시, 광명시, 광주시, 의왕시, 여주군, 이천시	2004.5.29
	고양시 일산구, 파주시	2004.8.25
충청 (15)	충남 천안시	2003.5.29
	대전 서구 · 유성구	2003.8.18
	충북 청원군, 충남 공주시 · 아산시 · 계룡시 · 연기군	2004.2.26
	충남 당진군 · 예산군 · 홍성군 · 청양군 · 태안군 · 서산시 · 논산시	2004.8.25

주 택 투 기 지 역		지정일자
서울 (14)	강남구	2003.4.30
	강동구, 송파구, 마포구	2003.5.29
	서초구, 영등포구, 광진구, 용산구	2003.6.14
	은평구, 금천구, 양천구, 중랑구, 동작구	2003.7.19
	서대문구	2004.3.19
인천 (3)	남동구, 서구	2003.6.14
	부평구	2003.7.19
경기 (22)	광명시	2003.4.30
	수원시, 안양시, 과천시, 안산시, 화성시	2003.5.29
	성남 수정구 · 중원구, 부천시, 군포시, 구리시, 김포시, 파주시	2003.6.14
	고양 일산구, 용인시	2003.7.19
	오산시	2003.8.18
	성남 분당구, 고양 덕양구, 평택시, 하남시, 안성시	2003.10.20
	의왕시	2004.5.29
충청 (9)	대전 서구 · 유성구, 충남 천안시	2003.2.27
	충북 청주시	2003.6.14
	충남 아산시	2003.8.18
	대전 대덕구 · 동구, 충남 공주시	2003.10.20
	충북 청원군	2004.2.26
기타(1)	경남 창원시	2003.6.14

거래가로 부과해야 할 상황으로 반전된 것이다. 원래대로라면 매입가격보다 두 배 정도 올랐지만 공시지가를 기준으로 한다면 매입가격보다 3배 이상 오른 셈이다.

지금 와서 당시 취득가액을 수정하면 허위신고나 세무조사의 우려는 없는 것인지, 난생 처음 나섰던 땅투자로 망신이나 당하는 것은 아닌지 걱정이 앞서고 있다.

부동산 고수들의 입장에서는 장씨의 우려가 기우라고 웃어넘길 수 있지만 실제 토지투기지역 지정 후 초보 투자자들은 이런 일 때문에 가슴 졸이는 경우가 많다. 결론부터 얘기하면 그렇게 걱정할 상황은 아니다.

토지투기지역에서 양도세를 계산할 때는 실거래가 기준으로 세금을 계산한다. 따라서 취득가액도 실제 취득한 금액을 기준으로 세금을 계산해야 한다. 장씨와 같이 시·군·구청에 신고된 금액이 실제 금액과 차이가 있다면 그 금액은 무시하고 실제 취득한 매매계약서, 취득 당시 영수증, 관련 거래내역을 확인할 수 있는 통장 등이 세금부과의 증빙자료가 된다. 이 때 당초 매도인의 거래사실확인서를 첨부할 수도 있으며, 첨부되는 인감증명서의 용도는 공란 인감에 '거래사실확인용'이라고 명기하면 된다.

03
토지 절세 테크닉
증여냐, 양도냐?

취등록세는 단순하게 적용되는 세금이다. 따라서 취득가액에 정해진 세율대로 세금을 납부하면 된다. 하지만 양도세나 상속 · 증여세는 공제에 대한 증명 등 절세할 수 있는 여지가 많은 만큼 전문가와의 상담을 통해 절세 방안을 찾는 것이 현명하다.

《놀부전》에서는, 아우인 흥부는 속된 말로 찢어지게 가난하지만 형인 놀부는 곡식과 재물이 많은 부자로 그려지고 있다. 허구라는 소설의 특성상 다소 과장된 측면이 있다고 보여지지만 당시 생활상을 어느 정도 반영하고 있는 것이라 생각된다.

작품에서 그려지는 놀부의 성격이나 행태를 보면, 놀부가 열심히 일하고 모은 돈으로 땅을 사들여 큰 부자가 된 것은 아닐 터다. 또 당시 사회적 배경을 훑어봐도 아버지의 지위와 부가 그대로 자식에게 세습

되어 대대손손 이어지는 계층 구분이 뚜렷했던 점을 미뤄볼 때도 아마 놀부는 부모에게 땅과 재산을 물려받았을 것으로 추측된다.

부모에게 막대한 재산을 물려받았어도 당시에는 오늘날과 같이 상속이나 증여에 대한 세금을 철저하게 내야 하는 일도 없었으리라. 어쨌든 근대사회로 접어들면서 부의 재분배 차원에서 선진국일수록 이익이나 불로소득에 대한 세금이 더욱 무겁게 부과되고 있다. 세금에 대한 부담이 가중될수록 절세 테크닉의 중요성도 더욱 커지는 법이다.

장남인 윤정호씨는 아버지로부터 대대손손 보유해 온 충남 천안 직산읍 남산리 임야 1,000평을 넘겨받았다. 외아들인 윤씨는 아버지로부터 직산 땅을 물려받을 것으로 생각하고 있었지만 사실 몇 년 전까지만 해도 그렇게 큰 욕심은 없었다. 땅도 크지 않고 땅값도 비싸지 않아 자산가치가 얼마 되지 않을 것으로 무심코 넘겨버렸다.

그러나 고속철도 개통으로 천안시가 부상하고 있고 경부선 전철화 공사가 2004년 말 마무리되면 서울부터 직산까지 전철 왕복시대가 열리게 된다. 따라서 1990년대 후반부터 이 같은 개발호재를 바탕으로 땅값이 크게 오르기 시작했다. 그는 현재 직산 땅을 어떤 형태로 아버지로부터 명의 이전하는 것이 세금을 줄이는 방법이 될까 하는 문제로 고민하고 있다.

일반적으로 양도나 증여의 구분은 대가의 지불이 있느냐의 여부에 따른다. 따라서 해당 물건의 소유권 이전 당시 대가 여부가 증여냐, 양도냐를 판단하는 기준이 될 수 있다. 이에 대한 판단은 물론 세무서에서 하지만 원칙적으로 부모 자식 간에는 양도를 인정받을 수 없다. 다만, 실질적으로 대금의 수반이 있다는 사실과 취득자의 자금출처가 명확한 경우 양도를 인정받을 수 있는 예외규정이 적용되고 있다.

윤씨 역시 양도를 인정받기는 어려울 것으로 보이고 증여의 형태로 명의를 이전할 수밖에 없다. 이 때 증여재산의 평가는 이전하는 당해년도까지는 증여일 전후 3개월 간 인근 유사 필지의 거래가액을 기준으로 적용하고, 거래 사례가 없을 경우에는 기준시가, 즉 공시지가의 적용을 받는다. 부모 자식 간에는 3,000만 원까지 공제가 되며 해당 공제액을 초과하는 금액에 대해 증여세가 과세된다.

2004년 공시지가 기준 해당 지역의 공시지가가 평당 3만 2,000원 수준이므로 총 평가액은 3,200만 원이 되고 여기에 부모 자식 간 기본공제 3,000만 원을 제하면 과세표준액은 200만 원이 된다. 증여세의 경우 1억 원 이하에 대해서는 10%의 세율이 적용되므로 윤씨가 내야 하는 증여세는 20만 원 수준이다.

물론 실제 윤씨가 증여받을 직산읍 남산리 임야의 시가는 평당 5만 원을 훨씬 웃돌고 있고 거래는 많지 않지만 호가는 계속 오르는 상황이라, 향후 윤씨는 아버지 덕을 톡톡히 볼 수 있을 것으로 기대하고 있다.

취등록세는 단순하게 적용되는 세금이다. 따라서 취득가액에 정해진 세율대로 세금을 납부하면 된다. 하지만 양도세나 상속·증여세는 공제에 대한 증명 등 절세할 수 있는 여지가 많은 만큼 전문가와의 상담을 통해 절세 방안을 찾는 것이 현명하다.

일반적으로 양도차익이 많은 경우나 단기 매매로 양도세율이 높게 적용될 때는 증여가 유리하고, 장기보유 등으로 양도차익이 적은 경우라면 양도를 활용하는 것이 세(稅)테크에 도움이 될 수 있다.

세금 얼마나 내나?

부동산을 살 때는 취득세와 등록세, 상속 및 증여세를 내야 하고 보유할 땐 재산세와
종합토지세, 팔 때는 양도차익이 있다면 양도소득세를 내야 한다. 물론 2005년부터
는 종합부동산세가 신설될 예정이라 경우에 따라 보유세로 종합부동산세를 추가 부
담하게 될 것으로 보인다.

우선 살 때 내는 취등록세는 간단하다. 취득가액을 기준으로 취득세 2%와 등록세
3%를 곱해 나온 금액을 납부하면 된다. 단, 농지의 경우 다른 부동산보다 등록세가
감면돼 1%만 내면 되고 상속의 경우 농지는 0.3%, 기타 부동산은 0.8%의 등록세
와 이에 따른 부가세를 내야 한다. 결국 일반적으로 취등록세는 5.8%가 적용되고
농지는 3.4%, 상속받은 농지는 2.56%의 취등록세를 내게 된다.

상속세와 증여세는 수증자가 취득시 내는 세금에 해당된다. 상속은 증여자가 사망
한 경우에만 가능하므로 일반적으로 증여를 통해 명의를 이전하게 된다. 세율은 과
세가액에서 공제세액을 뺀 과세표준액에 따라 최하 10%에서 최고 50%까지 부과
된다.

취등록세 세율

세목		상속시		상속 이외 취득시	
		농지	기타 부동산	농지	기타 부동산
취득세		2%			
부가세	농어촌특별세	취득세액의 10%			
등록세		0.3%	0.8%	1%	3%
부가세	교육세	등록세액의 20%			
취등록세 합계		2.56%	3.16%	3.4%	5.8%

*농어촌특별세는 제외한 금액임

토지거래허가구역 내
원주민도 양도세를 내나?

양도세는 경우에 따라 비과세나 공제 혜택이 많은 세금이기 때문에 얼마나 잘 알고 활용하느냐에 따라 효과적인 절세가 가능하다. 일반적으로 8년 이상 직접 농사를 지어온 농지를 양도하는 경우에는 양도소득세를 면제한다.

임성춘씨가 귀농한 것은 2000년 초였다. IMF 외환위기의 여파로 경영하던 중소기업이 부도가 나면서 자포자기의 심정으로 찾은 곳이 고향집이었다.

아산 탕정면에서 살고 있는 그의 부모님은 연로한 탓에 1,300여 평의 포도농사를 꾸려가는 것이 여간 버거운 일이 아니었다. 하지만, 농사꾼이 땅을 놀릴 수는 없다며 하루 종일 일에 매달렸다. 서울에서 받아줄 곳이 없었던 임씨는 고향에서 부모님과 함께 포도농사를 시작했다.

농사일에 서툴렀던 임씨였지만 나름대로 시골 생활에 적응하며 2002년에는 꽤 짭짤한 수익도 올렸다. 하지만 연로한 부모님은 2002년과 2003년, 잇따라 운명을 달리했다. 결국 포도농사를 모두 떠맡은 임씨는 각고의 노력을 기울였지만 2003년 태풍 매미의 피해로 상품성이 크게 떨어지면서 매출이 급락, 그 해 봄 대출받은 부채만을 고스란히 안게 되었다.

아이들이 커가면서 교육 문제로 고민하던 임씨는 아산 포도밭을 정리하고 천안으로 이사할 계획을 세웠다. 그 동안 고속철도 개통 및 아산 신도시 개발, 삼성의 기업도시 건설 등으로 아산 탕정면 일대 땅값이 크게 올라 땅을 팔고 싶었지만 세금 걱정이 앞섰다.

양도세는 경우에 따라 비과세나 공제 혜택이 많은 세금이기 때문에 얼마나 잘 알고 활용하느냐에 따라 효과적인 절세가 가능하다. 일반적으로 8년 이상 직접 농사를 지어온 농지를 양도하는 경우에는 양도소득세를 면제한다. 8년 동안 계속적으로 자경하지 않고 중간에 몇 년 간은 타인이 경작했더라도 양도일 현재 전체 기간을 통산해 8년 이상 자기가 거주 경작한 사실만 인정받을 수 있으면 면제가 가능하다.

임씨와 같이 상속받은 농지의 경우, 피상속인이 취득해 경작한 기간은 상속인이 이를 경작한 기간으로 본다. 임씨가 그 부모로부터 상속을 받았다고 하면 그 부모가 경작한 기간까지 합해 8년이라는 기간을 따지게 되므로 임씨는 양도세 면제 혜택을 받을 수 있다.

만약 농지 중에서 양도일 현재 특별시·광역시 또는 시에 위치한 농지로서 도시계획법상 주거지역·상업지역·공업지역 내 농지인 경우에는, 이 지역에 편입된 후 3년 이내에 양도를 해야 한다. 환지처분 이전에 농지 외 토지로 환지예정지를 지정하는 경우에는 그 환지예정지 지정일로부터 3년 이내에 양도를 해야 한다. 물론 이러한 요건은 매도인이 세무서에 가서 주장을 해야 감면을 받을 수 있다. 양도세는 신고가 기본이라는 점은 어느 상황에서나 전제되어야 한다.

 따 · 져 · 보 · 는 · 부 · 동 · 산 · 상 · 식

헤어지기는 쉬워도 만나기는 어렵다

여러 사람이 공동 소유하고 있는 하나의 토지를 각자의 고유 지분별로 분할할 때도 양도세를 내야 할까? 공유 토지의 분할은 단순히 각자의 소유권을 특정시킨 것에 불과하므로 양도소득세가 과세되지 않는다. 그러나 각자의 고유 지분별로 분할하지 않고 지분을 변경 · 분할하는 경우, 변경된 부분에 대해 유상 또는 무상으로 이전하는가에 따라 양도소득세나 증여세가 과세된다.

반면에 여러 사람이 공동 소유하고 있는 여러 필지의 토지를 합병할 경우에는 어떻게 될까? 분할 토지를 합병할 때 각각 단독 소유로 지분을 정리하는 것은 한 필지의 자기지분 증가분과 다른 필지의 자기지분 감소분이 교환되는 것이므로 양도소득세가 과세된다. 교환의 경우 현금을 주고받지 않았다 하더라도 현금 대신 다른 자산(교환자산)으로 사실상 대금을 지급한 것이므로 유상 양도된 것으로 본다.

한편 한 사람이 소유하던 두 필지 이상의 연접된 토지를 합병하는 것은 자기자산 내에서 단순히 소유형태를 변경한 것에 불과하므로 양도소득세가 과세되지 않는다.

05

땅으로 번 돈,
땅으로 남겨라

1998년 화성 동탄 일대에서 농지를 매입한 이영철씨와 홍세교씨.
두 사람은 3년 뒤 동탄 지역이 택지개발지구로 지정되면서 보상
금을 받게 되었다. 이 때 두 사람은 보상금으로 각기 다른 선택을
했고 그 결과 투자수익에서 엄청나게 차이가 나고 말았다.

화성에 사는 이영철씨와 홍세교씨는 용인 개발이 활기를 띠자 유망
지역으로 화성 동탄 일대가 부상할 것으로 예상하고 발빠르게 땅투자
에 나선 사례다. 1998년 9월 IMF 외환위기 여파로 추락하던 집값이 다
시 회복세로 반전되면서 용인을 중심으로 아파트 분양이 활기를 찾기
시작했다.

예상 외로 분당이나 강남에서 전원생활을 즐기려는 수요가 용인에
관심을 갖기 시작했고 건설 업체들은 용인에서 아파트 부지 매입에 열

을 올렸다. 용인 지역 땅값이 꿈틀거리기 시작하자 이영철씨와 홍세교 씨는 한발 더 나아가 화성을 지목했다.

그들은 용인 지역과 접근성이 좋은 동탄면 석우리 일대의 농지를 매입했다. 1998년 공시지가가 평당 20만 원 수준이었던 마을 인근 소로에 인접한 농지였다. 당시 시가는 평당 30만 원 수준으로 현지 사정에 밝은 중개업자를 통해 평당 28만 원에 매입했다.

그 후 2001년 4월 동탄리 일대가 택지개발지구로 지정되어 이씨와 홍씨가 매입한 땅도 수용부지에 포함되었다. 워낙 저렴한 시세로 매입했기 때문에 보상금만으로도 적잖은 차익을 기대할 수 있을 것이라 생각했다. 그러나 막상 보상 시점에 임박해 보니 양도세가 문제였다. 이씨와 홍씨는 자경민도 아니기 때문에 양도세 비과세 혜택을 받을 수 있는 대상이 아니었다.

이 시점에서 이씨와 홍씨는 서로 다른 판단을 내렸다. 평소 부동산 투자에 나름대로 혜안을 갖고 있던 이씨는 인근 태안 일대의 농지를 취득했지만 당장 돈이 탐났던 홍씨는 양도세를 물고서라도 보상금을 받겠다고 결심했다.

현행 공익사업을 위한 토지등의취득및보상에관한법률 등 관계법령에 의해 토지가 수용된 사람이 1년 내 동일 시·군·구 내 농지를 취득한 경우에는 양도세를 감면해 주고 취등록세도 비과세된다. 이씨는 시간이 흐를수록 현금은 자산가치가 떨어지지만 땅은 그 이상의 가치를 실현시켜 줄 것이라 확신했다.

그러나 홍씨는 순간의 이익이 더 크게 여겨졌다. 토지보상법상의 양

토지수용 등에 따른 대체취득에 대한 취득세 · 등록세 비과세 요건

구분	내용
근거법 및 사업주체	공익사업을위한토지등의취득및보상에관한법률 등 관계법령 등에 의해 토지 등을 수용할 수 있는 사업인정을 받은 자
수용된 자	1. 부동산 등이 매수 · 수용 · 철거된 자 2. 공익사업을위한토지등의취득및보상에관한법률이 적용되는 공공사업에 필요한 부동산 등을 당해 공공사업 시행자에게 매도한 자 및 이주대책의 대상이 되는 자
취득계약	계약일 또는 사업인정고시일 이후에 계약을 체결하거나 건축을 허가
취득기간	1. 보상금을 마지막으로 받은 날로부터 1년 이내 2. 사업인정을 받은 자의 사정으로 대체취득이 불가능한 경우에는 취득이 가능한 날로부터 1년 이내 3. 공익사업을위한토지등의취득및보상에관한법률 제65조 제2항의 규정에 의해 보상금을 채권으로 지급받은 경우는 채권상환기간 만료일로부터 1년 이내
대체취득	대체할 부동산을 취득한 때 (건축 중인 주거용 부동산을 분양받은 경우에는 분양계약을 체결한 때)
감면범위	새로 취득한 부동산가액 합계액이 종전 부동산가액 합계액 범위 내
예외	1. 별장, 골프장, 고급주택, 고급오락장, 법인의 비업무용 부동산, 고급자동차, 고급선박 등 중과세 대상 2. 부재부동산 소유자가 부동산을 대체취득하는 경우

도시 양도세 적용은 크게 세 가지로 나뉜다. 우선 8년 이상 자경한 농지에 비과세 혜택이 주어지고 농지 대토의 경우에도 양도세가 비과세된다. 그러나 공익사업용 토지의 경우에는 보상금으로 받게 되면 양도세

감면 혜택이 전혀 주어지지 않는다.

다만 용지보상채권으로 구입하게 되면 양도세 10% 감면 혜택이 주어진다. 현행 조세특례법에 따르면 사업인정고시일(사업인정고시일 이전에 양도하는 경우에는 양도일)로부터 소급해 2년 이전에 취득한 토지 등을 2006년 12월 31일 이전에 양도함으로써 발생하는 소득에 대해서는 용지보상채권을 매입하게 되면 100분의 10에 상당하는 양도세를 감면토록 하고 있다.

용지보상채권은 5년 이하의 국채로 수익률은 3년 만기 정기예금 수준인데, 대개 만기 3년의 채권을 발행하는 경우가 많다. 용지보상채권은 양도세 감면 혜택이 주어지므로 안정적인 수익을 기대하는 양도자들이 선호한다. 하지만 주택공사는 2002년부터 채권 발행을 하지 않기 때문에 주택공사가 시행하는 공익사업의 경우 양도세 감면 혜택이 주어지지 않고, 토지공사가 시행하는 공익사업의 용지보상채권을 취득한 경우에 한해 적용된다.

참고로 수용된 후에 대체 부동산의 취득에 대해서 취득세를 면제하는 규정을 적용받기 위해서는 해당 부동산 소재지에 거주 등을 하고 있어야 한다. 현행 세법에서는 거주하지 않는 개인이나 개인사업자에 대해서는 대체취득 면제를 인정하지 않고 있기 때문이다.

06

종합부동산세 생기면
토지시장 인기 더 올라간다

종합부동산세 도입을 앞두고 2005년 상반기까지 2주택 이상 소
유자들은 세금 부담을 줄이기 위해 주택을 처분하고 토지를 선택
하게 될 가능성이 높아졌다. 종합부동산세의 기준이 결국 주택을
몇 채 보유하고 있느냐로 귀결될 가능성이 높기 때문이다.

2005년 도입 예정인 종합부동산세 윤곽이 드러났다. 종합부동산세
가 도입되면 과표가 크게 높아질 전망이라 토지 보유자들의 재산세도
현재보다 38% 정도 늘어날 전망이다.

아직 종합부동산세에 대한 구체적인 확정안이 마련되지 않은 상태이
나 급격하게 증가하는 세금 부담에 대한 조세저항 등을 고려해 상대적
으로 부동산을 많이 보유하고 있는 고소득 계층을 대상으로 종합부동
산세를 부과하는 방향으로 가닥이 잡혀질 듯하다. 더욱이 기존의 보유

세인 지방세와 달리 국세인 종합부동산세를 신설하면 세금 부담이 추가적으로 늘어나므로 투자자들의 부담은 더욱 커질 수밖에 없는 실정이다.

그러나 토지의 경우 이미 합산 과세가 되고 있어 토지를 많이 보유한 가구의 세금 부담 역시 컸으나 주택은 여러 채를 보유하고 있는 사람에게 누진 과세되는 조항이 없어 상대적으로 투기의 대상이 되고 있다는 지적을 받아왔다. 이에 종합부동산세가 신설되면서 두 채 이상을 보유한 다주택자들은 2005년부터 보유세와 별도로 종합부동산세를 추가 부담해야 한다.

한국조세연구원이 발표한 '부동산 보유세제 개편 방안'에 따르면 과세표준 일정액 이상인 주택에 대해 합산 과세하는 종합부동산세를 도입하되, 급격한 세금 부담 증가에 따른 조세 저항을 예방하기 위해 세율과 과표 구간을 조정하는 방안이 유력하게 검토되고 있다. 따라서 2005년부터는, 건물분 보유세는 2004년보다 평균적으로 30%, 토지분 보유세는 38% 정도 늘어날 전망이다.

과표구간과 세율은 토지분의 경우 과표 구간을 현행 9단계에서 6단계로 단순화하고, 건물분에 대해서는 현행 6단계를 유지하되 상위 구간인 4~6단계의 세율을 1%포인트 인하해 누진 강도를 완화하기로 했다. 현행 최고세율은 토지가 5%, 주택이 7%다.

주택 보유세의 경우 과표 1,200만 원 이하의 건물에 대해서는 건당 세금이 2004년 평균 8,000원에서 2005년에는 1만 2,000원으로 4,000원 정도 늘어날 것으로 분석됐다. 과표 4,000만 원 이상의 건물은 2004

년 세금 418만 원에서 2005년에는 593만 원으로 무려 175만 원이나 증가할 것으로 나타났다. 이 같은 세금 증가율은 전체 부동산 보유자들의 평균적인 부담 증가분을 의미하는 것이다. 따라서 정부가 종합부동산세를 추가적으로 과세할 '부동산 부자'들의 경우 세금 부담이 더욱 늘어날 전망이다.

예컨대 수도권 신도시에 위치한 30평형대 아파트의 과표가 평균 2,000만 원 수준인 점을 감안하면, 이 지역에서 33평형 아파트를 두 채 이상 소유한 정도라면 '부동산 부자'로 간주돼 종합부동산세 납부 대상에 포함된다는 것이다. 납부세액도 현행 23만 원 정도의 보유세가 2005년에는 100만 원 정도로 4배 이상 오를 것으로 보인다.

종합부동산세는 2005년 7월 재산세 및 10월 종합토지세 납부기 때부터 적용된다. 종합부동산세 도입을 앞두고 2005년 상반기까지 2주택 이상 소유자들은 세금 부담을 줄이기 위해 주택을 처분하고 토지를 대안으로 선택하게 될 가능성이 높아졌다.

종합부동산세의 기준이 결국 주택을 몇 채 보유하고 있느냐로 귀결될 가능성이 높아 주택을 여러 채 가지고 있을 경우 보유세 부담이 더욱 커질 전망이다. 주택의 보유 과세 증가율이 커지는 만큼 상대적으로 토지의 인기는 더 높아질 것으로 보인다.

6

땅투자 관련법규를
꼭 잡아라

01

이 정도는 알고 땅투자에 나서라
국토의계획및이용에관한법률

토지가 어떻게 활용될 수 있는가, 또는 개발 가능성 및 갖가지 규제
의 여부를 규정한 토지의 호적등본이 국토의계획및이용에관한법률
이다. 기본적인 용도 지역·지구·구역 등의 개념을 알아야 내가
사려는 땅의 활용가치 및 가격의 적정성을 판단·비교할 수 있다.

땅투자에 나서는 투자자들이 처음에 부딪히는 것은 무슨 지역이
니, 지구니 하는 용어다. 아무것도 모르고 땅투자에서 나서는 초심자
는 지역이나 지구 등의 용어가 생소해 혼돈스러워하거나 별로 대수롭
지 않게 섞어 쓰는 경우가 많다. 투자경력이 있는 경우나 공인중개사
라 할지라도 한두 가지도 아닌 이 지역이니, 지구니 하는 용어를 머릿
속에 정리해 두고 적절하게 가려가며 쓰기란 쉬운 일이 아니다(물론 공
인중개사 시험에 합격하기 위해서는 이 부분을 달달 외워야 한다).

토지 계약 전 가장 기본적인 공부에 해당하는 토지이용계획확인서를 살펴보면 용도지역·용도지구·용도구역을 구분하고 해당 부지에 맞는 현황에 동그라미를 치도록 하고 있다. 그렇다면 지역·지구·구역은 명확히 구분되는 개념이다. 땅투자의 가장 기본이기도 한 용도 지역·지구·구역 정도의 개념은 알고 있어야 좋은 땅을 고를 수 있는 기본기를 닦을 수 있다.

토지가 어떻게 활용될 수 있는가, 또는 어느 정도까지 개발이 가능하고 얼마나 규제가 돼 있는가를 규정해 놓은 토지의 호적등본이 국토의계획및이용에관한법률이다.

이 방대한 법을 다 꿰고 있기란 무척 어려운 일이다. 하지만 투자자들이 이 법을 다 알 필요는 없다. 다만 기본적인 용도 지역·지구·구역 등의 개념은 알고 있어야 내가 사려는 땅의 활용가치가 어느 정도인지 판단할 수 있고 가격의 적정성도 비교해 볼 수 있다.

용도 지역·지구·구역은 어떻게 다른가?

국토의계획및이용에관한법률에서 정하는 용도 지역·지구·구역은 도시관리계획에 의해 전국 토지를 특정한 용도 지역·지구 또는 구역으로 지정하고 있다.

결국 용도 지역·지구·구역에 따라 건축물의 규모·용도·건폐율·용적률 등을 규제함으로써 토지 이용의 합리화와 쾌적한 생활환경 조성을 기대할 수 있다(관련법 참조).

용도지역 · 용도지구 · 용도구역

구 분	용도지역	용도지구	용도구역
지정목적	전국 토지에 대해 최소한의 생활권을 구분, 이에 적합치 않은 건축물의 용도, 건폐율, 용적률의 규제목적으로 지정	용도지역만으로 달성할 수 없는 2차적 목적의 수행을 위해 건축물의 용도 또는 형태, 구조 등의 규제	시가화조정구역: 도시의 무질서한 시가화 방지/ 개발제한구역:도시의 무질서한 확산방지/ 수산자원보호구역:수산자원의 보호 육성
지정권자	건설교통부 장관 또는 시 · 도지사	건설교통부 장관 또는 시 · 도지사	건설교통부 장관
지정범위	전국	특정 토지의 일부에 대해 국지적 지정	토지 일부에 대해 필요에 따라 지정
규제방법	전국 토지에 대한 일반적 규제, 1차적 규제, 수평적 규제	특정 지역에 대한 국지적 규제, 2차적 규제, 수직적이고 입체적 규제	지역이나 지구와 관계없이 특정 지역에 대해, 특정 목적을 위해, 독자적 지정
건축물 제한	대통령령으로 정함	다른 법률에 의한 규정이 있는 경우를 제외하고 시 · 군 조례로 정함	시가화조정구역 및 수산자원보호구역:국토계획및이용에관한법률＋동법 시행령/ 개발제한구역: 개발제한구역에관한특별법＋동법 시행령
중복지정	둘 이상의 중복지정 불가	둘 이상의 중복지정 가능	둘 이상의 중복지정 불가

용도지역은 전국 토지의 기본적인 생활권 구분을 위해 건축물의 용도를 중심으로 지정하고 있고 중복지정은 불가하다. 용도지역은 국토계획및이용에관한법률에 따라 도시지역 · 관리지역 · 농림지역 · 자연환경보전지역으로 나뉜다. 이 중 도시지역은 주거지역 · 상업지역 · 공업지역 · 녹지지역으로 구분되고 관리지역은 보전관리지역 · 생산관리

용도지역 세분

관련법 기준	시행령 기준	내 용
주거 지역	전용주거 지역 제1종전용주거지역	단독주택 중심의 주거환경 보호를 위해 필요한 지역
	전용주거 지역 제2종전용주거지역	공동주택 중심의 주거환경 보호를 위해 필요한 지역
	일반주거 지역 제1종일반주거지역	4층 이하 저층주택 중심의 주거환경 조성을 위해 필요한 지역
	일반주거 지역 제2종일반주거지역	15층 이하 중층주택 중심의 주거환경 조성을 위해 필요한 지역
	일반주거 지역 제3종일반주거지역	중·고층주택 중심의 주거환경 조성을 위해 필요한 지역
	준주거지역	주거기능을 위주로 일부 업무, 상업기능 보완을 위해 필요한 지역
	상업 지역 중심상업지역	도심·부도심의 업무 및 상업기능 확충을 위해 필요한 지역
	상업 지역 일반상업지역	일반 상업 및 업무기능 담당을 위해 필요한 지역
	상업 지역 근린상업지역	근린지역에서 일용품 및 서비스 공급을 위해 필요한 지역
	상업 지역 유통상업지역	도시 안 및 지역 간 유통기능의 증진을 위해 필요한 지역
	공업 지역 전용공업지역	중화학공업, 공해성 공업 등의 수용을 위해 필요한 지역
	공업 지역 일반공업지역	환경을 저해하지 않는 공업의 배치를 위해 필요한 지역
	공업 지역 준공업지역	경공업 및 기타 공업을 수용하되 주거기능의 보완이 필요한 지역
	녹지 지역 보전녹지지역	도시의 자연환경, 경관, 산림 및 녹지공간을 보전할 필요가 있는 지역
	녹지 지역 생산녹지지역	농업적 생산을 위해 개발을 유보할 필요가 있는 지역
	녹지 지역 자연녹지지역	도시의 녹지공간 확보, 도시확산 방지, 장래 도시용지 공급 등을 위해 보전할 필요가 있는 지역으로 불가피할 경우 제한적 개발 허용

관리지역	보전관리지역	자연환경보호, 산림보호, 수질오염 방지, 녹지공간 확보 및 생태계 보전 등을 위해 보전이 필요하나, 주변 용도지역과의 관계 등을 고려할 때 자연환경보전지역으로 관리가 곤란한 지역
	생산관리지역	농업 · 임업 · 어업생산 등을 위해 관리가 필요하나, 주변 용도지역과의 관계 등을 고려할 때 농림지역으로 관리가 곤란한 지역
	계획관리지역	도시지역으로 편입이 예상되는 지역 또는 자연환경을 고려해 제한적 이용 · 개발을 하려는 지역으로 계획적 · 체계적 관리가 필요한 지역
농림지역		도시지역에 속하지 않는 농지법에 의한 농업진흥지역 또는 산지관리법에 의한 보전임지 등으로 농림업의 진흥과 산림보전을 위해 필요한 지역
자연환경보전지역		자연환경, 수자원, 해안, 생태계, 상수원 및 문화재 보전과 수산자원 보호 · 육성을 위해 필요한 지역

지역 · 계획관리지역 등으로 나뉜다(관련 표 참조).

용도지역은 토지 활용의 가장 기본이 되는 구분으로 어느 용도지역이냐에 따라 건축물의 용도를 제한받는다. 예를 들면 단독주택은 유통상업지역과 전용공업지역에서만 금지되고 다른 지역에서는 건축이 가능하다.

토지를 매입해 병원을 지을 목적이라면 그 땅이 전용주거지역이나 유통상업지역일 경우에는 건축이 불가능하므로 토지를 매입할 때 해당부지의 용도지역이 무엇인지 토지이용계획확인서를 꼭 확인해야 한다(관

용도지구 세분

구 분	세 분	내 용
경관지구	자연경관지구	산지, 구릉지 등 자연경관의 보호 또는 도시의 자연 풍치 유지를 위해 필요한 지구
	수변경관지구	지역 내 주요 수계의 수변 자연경관을 보호 · 유지 하기 위해 필요한 지구
	시가지경관지구	주거지역의 양호한 환경조성과 시가지의 도시경관 보호를 위해 필요한 지구
미관지구	중심미관지구	토지 이용도가 높은 지역의 미관을 유지 · 관리하기 위해 필요한 지구
	역사문화미관지구	문화재와 문화적으로 보존가치가 큰 건축물 등의 미관을 유지 · 관리하기 위해 필요한 지구
	일반미관지구	기타 지역으로 미관을 유지 · 관리하기 위해 필요한 지구
고도지구	최고고도지구	환경과 경관을 보호하고 과밀방지를 위해 건축물 높이의 최고한도를 정할 필요가 있는 지구
	최저고도지구	토지이용을 고도화하고 경관을 보호하기 위해 건축 물 높이의 최저한도를 정할 필요가 있는 지구
보존지구	문화자원보존지구	문화재와 문화적으로 보존가치가 큰 지역의 보호 및 보존을 위해 필요한 지구
	중요시설물보존지구	국방상 · 안보상 중요한 시설물의 보호 · 보존을 위 해 필요한 지구
	생태계보존지구	야생 동식물 서식처 등 생태적으로 보존가치가 큰 지역의 보호와 보존을 위해 필요한 지구
시설보호지구	학교시설보호지구	학교의 교육환경을 보호 · 유지하기 위해 필요한 지구
	공용시설보호지구	공용시설을 보호하고 공공업무 기능을 효율화하기 위해 필요한 지구
	항만시설보호지구	항만기능을 효율화하고 항만시설의 관리 · 운영을 위해 필요한 지구
	공항시설보호지구	공항시설의 보호와 항공기의 안전운항을 위해 필요 한 지구
취락지구	자연취락지구	녹지지역 · 관리지역 · 농림지역 또는 자연환경보전 지역 안의 취락을 정비하기 위해 필요한 지구

	집단취락지구	개발제한구역 안의 취락을 정비하기 위해 필요한 지구
	주거개발진흥지구	주거기능을 중심으로 개발 · 정비할 필요가 있는 지구
	산업개발진흥지구	공업기능을 중심으로 개발 · 정비할 필요가 있는 지구
개발진흥지구	유통개발진흥지구	유통 · 물류 기능을 중심으로 개발 · 정비할 필요가 있는 지구
	관광 · 휴양개발 진흥지구	관광 · 휴양 기능을 중심으로 개발 · 정비할 필요가 있는 지구
	복합개발진흥지구	주거 · 공업 · 유통 · 물류 기능 및 관광 · 휴양 기능 중 둘 이상의 기능을 중심으로 개발 · 정비할 필요가 있는 지구

련 표 참조).

용도지역이 기본적인 1차 구분이라면 용도지구는 2차적 기준에 해당된다. 용도지구는 용도지역의 보완 역할을 위해 각기 지역의 목적에 따라 용도지역 지정에 따른 부가적이고 국지적인 범위의 특정 지역을 대상으로 한다. 용도지구는 중복지정도 가능하다. 일례로 제2종 주거지역이면서 근린상업지역일 수는 없으나 자연경관보존지구이면서 문화자원보존지구일 수는 있다.

용도지구는 경관지구, 미관지구, 방화지구, 방재지구, 보존지구, 시설보호지구, 취락지구, 개발진흥지구, 특정용도제한지구, 대통령령이 정하는 지구(아파트지구 · 위락지구 · 리모델링지구) 등으로 나뉜다. 용도지구는 다시 시 · 도의 도시계획조례에 따라 자연경관지구 · 수변경관지구 등 22개 지구로 세분화된다.

용도구역은 도시의 과대화·과밀화 등을 방지하고 개발행위를 유보·제한 또는 수산자원 보호 등을 위해 이미 지정된 용도지역이나 지구와 관계없이 독자적으로 지정된다. 예를 들면 시가화조정구역이나 개발제한구역은 도시의 무질서한 시가화를 방지하기 위해 지정된다.

땅을 구입할 때 용도구역·용도지역·용도구역을 확인하는 정도의 지식을 갖춘 경우라면 일단 어느 누구도 만만하게 보지는 않을 것이다. '시작이 반'이라 하지 않았는가. 용도 지역·지구·구역을 이해했다면 이미 관련법의 절반은 깨우친 셈이다.

따 · 져 · 보 · 는 · 부 · 동 · 산 · 상 · 식

전 · 답 · 임야 등 지목의 구분

지목이란 토지의 주된 사용목적에 따라 토지의 종류를 구분해 표시하는 명칭이다. 지목은 지적법에서 정하고 있는데 토지를 인위적으로 전·답·과수원·목장용지 등 토지의 사용목적이나 성질 등에 따라 24개 종목으로 구분해 필지단위로 지적공부에 등록이 이뤄진다.

지목은 전·답·과수원·목장용지·임야·광천지·염전·대(垈)·공장용지·학교용지·주차장·주유소용지·창고용지·도로·철도용지·제방·하천·구거(溝渠)·유지(溜池)·양어장·수도용지·공원·체육용지·유원지·종교용지·사적지·묘지·잡종지로 구분해 정한다.

02
아는 만큼 수월하다
토지거래허가제

토지거래허가구역이라고 반드시 허가를 받아야 하는 것은 아니다.
대가가 없는 순수한 상속·증여의 경우는 허가없이 명의이전이
가능하다. 허가구역에서 허가대상면적 미만의 소규모 토지로 분할
해 거래하는 방법이 유행하는 것도 바로 이 같은 이유 때문이다.

토지시장으로 투자자들이 몰리면서 왠만한 곳은 토지거래허가
구역으로 지정돼 토지 매매가 자유롭지 않다. 2004년 6월 현재 전국에
서 토지거래허가구역으로 지정된 곳은 48억 평이 넘어 전국토의 16.1%
를 차지하고 있다. 토지거래허가구역으로 지정되면 일정 규모 이상의
토지에 대해서는 허가를 받아야 거래가 가능하다.

토지거래허가구역에서 비(非)농·임업인이 임업목적으로 임야를 구
입할 때는 세대원 전원이 현지에서 6개월 이상 거주해야 한다. 또 보상

거래시 허가가 필요한 면적

용도지역		면적
도시지역	주거지역	180㎡(약 54평) 초과
	상업지역	200㎡(약 61평) 초과
	공업지역	660㎡(약 200평) 초과
	녹지지역	200㎡(약 61평) 초과
	기타지역	180㎡(약 54평) 초과
비도시지역	농　지	1,000㎡(약 303평) 초과
	임　야	2,000㎡(약 605평) 초과
	기　타	500㎡(약 151평) 초과

법에 의한 토지수용자가 당해 허가구역 내에서 대체토지를 구입하는 경우도 토지거래허가 대상이다.

최근 토지거래허가구역에서 외지인의 토지 매입이 증가하면서 세대원의 현지거주 요건 확인절차가 강화됐다. 과거에는 세대원 전원의 주민등록만 확인했으나 최근 들어서는 매매 또는 전세계약서까지 꼼꼼히 조사하는 사례가 많다. 또 토지거래허가구역 내 보상권이나 분양권과 관련해 과거에는 명시규정이 없어 허가없이 거래하는 사례가 많았으나, 지금은 토지 보상권이나 분양권도 전매할 경우 허가대상에 포함돼 있다.

그러나 토지거래허가구역이라고 반드시 허가를 받아야 하는 것은 아니다. 어떤 대가가 없는 순수한 상속 · 증여의 경우는 허가없이 명의이전이 가능하다. 물론 허가대상면적 미만(관련 표 참조)의 토지거래도 허가대상을 피해갈 수 있다. 허가구역에서 허가대상면적 미만의 소규모 토지로 분할해 거래하는 방법이 유행하는 것도 바로 이 점 때문이다.

토지거래허가구역(2004년 8월 현재)

지정자	지 역	면적(km2)	기 간	사 유
건교부	인천,김포,파주	25.07	'03.5.20~'08.5.19	신도시 개발
건교부	대전, 아산, 천안, 공주, 연기, 논산, 청주, 청원, 계룡	5,204.60	'03.2.17~'08.2.16	행정수도
건교부	서울시 뉴타운 (성북구 외 4개구 11개동)	15.65	'02.11.20~'07.11.19	강북 재개발
건교부	서울 · 인천 · 경기의 녹지지역과 비도시지역 (가평 · 이천 · 여주 · 옹진 · 연천 제외)	4,797.90	'02.11.20~'04.11.19	수도권 토지가격 급등 및 투기 우려, 주5일제 시행 예정
건교부	아산시 및 천안시18개동 2개읍 13개리	242.35	'02.10.2~'05.4.7	아산신도시, 천안 신시가지의 투기
건교부	아산시 및 천안시 4개동 11개리	62.548	'02.4.8~'05.4.7	아산신도시 개발 예정지역
건교부	수도권 및 광역권 개발제한구역	4,294.00	'03.12.1~'05.11.30	개발제한구역 해제
건교부	성남 · 용인시 14개동 2개리	38.98	'03.12.1~'07.11.30	판교 택지개발
건교부	인천 연수구 · 중구 · 서구	7.20	'03.12.1~'08.11.30	인천 경제특구
건교부	부산 강서구 17개동, 진해시 15개동	80.39	'03.12.1~'08.11.30	부산 · 진해 경제특구
건교부	수원 이의동 등 4개동, 용인 상현동 등 5개동, 기흥 · 구성읍	15.93	'03.12.1~'08.11.30	이의지구 택지개발
서울시	종로 · 용산 · 동대문 · 중랑 · 강북 · 서대문 등 12개구	8.32	'03.11.26~'08.11.25	제2차 뉴타운 개발
서울시	동대문 · 성북 · 강북 · 서대문 · 구로구의 14개동	1.90	'03.12.30~'08.12.29	서울시 균형개발
울산시	울산 언양읍 · 삼남읍 · 두서면 · 두동면 · 삼동면	129.26	'03.11.19~'08.11.18	고속철 울산역 개발
전남도	무안군 일로읍 삼향면	41.00	'04. 4 .3~'09. 4. 2	전남 도청 이전
전남도	고흥군 복내면 일원	14.03	'04. 2. 4~'06. 2. 3	우주센터 건설
경남도	사천시 용현면 일원	2.75	'00.12.26~'03.12.31	사천시 청사 건립
경기도	고양시 대화동, 장항동, 법곳동 6.24km²	6.24	'02.4.22~'07.4.21	관광문화단지 등 조성
전남도	신안군 압해면 11개리	52.00	'03.10.27~'08.10.26	신도시건설예정지역

택지개발지구나 도로개설 등으로 보상될 경우 보상법에 따른 수용시에는 토지거래허가를 거치지 않아도 되고, 경매를 통한 토지 취득도 허가 대상이 되지 않는다. 이런 이유로 토지거래허가를 부담스럽게 여기는 땅투자자들이 경매시장을 기웃거리기도 한다. 또 토지거래허가구역에 해당된다 하더라도 택지개발사업에 따라 공급되는 토지를 사거나, 재개발구역 내 토지지분을 매입하는 것도 허가 대상이 아니다.

허가구역 내에서 부정한 방법으로 허가를 받을 경우에는 2년 이하의 징역이나 해당 토지 공시지가의 30%에 상당하는 벌금을 내야 하고, 허가를 받고도 원래 목적대로 사용하지 않을 경우 500만 원 이하의 과태료를 내야 한다.

딱 걸리는 토지거래허가대상 사례

행정수도 이전 및 신도시 개발 등 토지 가격 상승을 예고하는 매머드급 정책이 발표되면서 토지시장이 들썩거리자 정부는 토지시장 규제를 들고 나왔다. 정부의 토지시장 규제 카드 1번은 토지거래허가제. 토지거래허가제는 과거에도 시행됐던 제도로 땅투자에 노련한 고수들은 토지거래허가제 때문에 투자를 겁낼 필요는 없다고 조언한다.

합목적적인 사안에 대해서는 허가를 받을 수 있도록 법에서도 규정하고, 일부 사례의 경우 허가를 받을 필요가 없는 예외규정도 있다. 그러나 이런 과거의 사례만 믿고 무모하게 덤벼들면 낭패를 볼 수도 있다. 건설교통부는 2004년 2월 말부터 토지거래허가제를 강화하는 운영

규칙을 만들어 시달하면서 그 동안 적발된 유형별 사례를 밝혔다. 앞으로 이 사례에 해당되는 방법으로는 토지거래허가제가 시행되는 지역에서의 투자가 어려울 것으로 보인다.

건교부가 밝힌 토지거래허가제 운영 사례

사례 1 | 위장증여

서울에 거주하고 직업이 뚜렷하지 않은 백모씨는 언론 등에 신행정수도 예정지역으로 연기군이 언급되자, 지가차익을 목적으로 연기군의 농지를 구입하기로 하고 연기군의 농민 최모씨와 전(田) 2,000여 평을 매매계약했다. 백씨는 농지취득자격 증명 · 현지거주 등 새로이 농업영위를 위한 허가요건을 갖출 수 없자 증여의 경우 토지거래허가지역이라도 허가대상이 아니라는 점을 이용해 증여받은 것으로 검인 신청했다. 그러나 증여계약서가 없고 증여 사유를 입증할 수 없어 해당 관청에서는 토지거래허가를 받도록 조치해 토지거래허가 대상에서 벗어날 수 없었다.

사례 2 | 부담부증여

인천에 사는 장모씨는 직업이 없는 아들에게 허가구역인 상업지역에서 대지면적 300평의 5층 상업용 건물을 증여하고 검인 신청했다. 그 건물에는 10여 개의 상가가 각각 보증금을 내고 입주한 상태였다. 장씨는 허가구역의 경우 증여는 허가대상이 아니라고 간단히 생각했다. 그러나 건물과 함께 보증금을 입주상가에 반환해야 하는 일종의 채무가 아들에게 이전됐으므로 이는 대가 없는 증여가 아닌 부담부증여에 해당하는 사안으로 간주됐다. 결국 장씨는 건물증여와 함께 채무도 동시에 면제된 결과를 초래해 부담부증여로 허가를 받아야 했다.

사례 3 | 주말농장

서울에서 무역회사에 근무하는 안모씨는 개발제한구역 내 전(田) 250평을 취득하고자, 주말농장 영위를 이용목적으로 하여 허가신청을 했다. 그러나 농지법 제6조에 따르면 '주말농장 · 체험영농은 농업영위가 아니고 주말을 이용한 취미 · 여가활동'으로 규정돼 있기 때문에 농업활동으로 인정되지 않는다. 따라서 취미 · 여가활동은 실수요로 볼 수 없다는 허가관청의 의견에 따라 안씨의 허가는 반려되었다.

사례 4 | 위장전입

수원에서 상점을 경영하는 송모씨는 최근 신행정수도 건설 등의 소문으로 청원지역의 지가가 오르고 있다는 사실을 알고 청원군의 농지 1,500평을 구입하기로 했다. 신규농업을 위한 거래허가를 위해서는 세대원 전체의 현지거주가 전제되어야 하는다는 점을 알고, 현지의 거래 상대방에게 웃돈을 주고 주민등록만을 이전한 후 허가신청을 했다. 그러나 현지거주는 세대원 전체의 주민등록뿐 아니라 실제 거주 증명이 강화되어 주택매매계약서 또는 확정일자가 있는 주택전세계약서를 첨부토록 돼 있다. 또한 허가 후에도 이용실태 조사를 통해 실제 경작 여부와 현지거주를 확인토록 하여 농사를 짓지 않을 경우 농지법 제10조에 따라 처분명령을 받게 될 수 있다. 결국 송씨

토지거래허가 대상 및 기준

항목		세부 내용
허가대상	증여	· 부담부증여는 허가대상 포함 · 제3자증여는 증여사유 소명
	분양권 · 보상권	· 전매시 허가대상 포함
	소규모 분할거래	· 분할토지를 1인과 거래할 경우에는 최초 거래가 아니며, 분할거래로 보지 않음
허가기준	주말농장	· 실수요가 아님
	휴경	· 실수요가 아님
	거주요건	· 주민등록 외에 주택매매 전세계약서 등으로 실제거주 확인
	임대목적 토지취득	· 직접 자기이용의 경우에만 실수요 인정
	동일세대 기준	· 생계를 의존할 경우에는 독립 세대원으로 보지 않음
이용관리	허가 후 전매	· 허가 후 일정 기간 전매제한 (1수확기를 포함해 농지는 6월, 임야는 1년 경과시 등)
	이용목적 변경	· 허가 후 일정 기간 이용목적 변경 제한 (1수확기를 거친 후 농지는 6월, 임야는 1년 경과시 등)
	이용목적과 다른 개발행위허가	· 사전 이용목적 변경절차 없이 별도의 개발행위 허가 제한

의 위장전입을 통한 농지 취득은 실패로 끝났다.

사례 5 │ 임대

인천에 사는 홍모씨는 인근 허가구역인 주거지역 내에 대지면적 200평 규모의 주택을 구입했으나, 이사하지 않고 종전 주택에 계속 거주하면서 새로 구입한 주택은 임대하기로 했다. 그러나 주거용 토지 매입의 조건은 자기거주용이어야 하고, 실제 거주하지 않은 상황에서 타인에게 임대했다면 실수요 목적이 아니기 때문에 이용목적 위반으로 처벌받게 된다. 또 당초부터 신규

구입 주택에 거주할 목적이 없었다고 판단되면 사위에 의한 허가로서 고발
조치될 수도 있다. 결국 홍씨는 이러지도 저러지도 못하고 난처한 상황에 빠
지고 말았다.

사례 6 | 단기전매

뚜렷한 직업이 없는 박모씨는 최근 성남지역의 지가가 상승할 것을 예상했
다. 이에 그는 지가차익을 목적으로 성남지역의 답(畓) 3,000평을 구입하기
로 하고 농업경영계획서 등 농지취득요건을 갖추어 거래허가를 받았다. 그
러나 지가가 급등하자 농지취득 1주일 후 구입한 농지를 서둘러 매도하고자
했다. 그러나 벼 재배를 위한 농지의 경우 1수확기를 포함해 6개월이 경과
한 후 더 이상 농업에 종사할 수 없다는 사유 등을 구체적으로 제시하고, 이
를 허가권자가 인정해야 하기 때문에 박씨의 경우 매매허가를 받기가 어렵
다. 결국 당초부터 지가차익만을 목적으로 농지를 취득한 것으로 판단될 경
우 고발 조치될 수 있다.

03

묶이는 곳 VS 풀리는 땅
개발제한구역지정및관리에관한특별법

개발제한구역은 '도시의 허파' 기능을 담당해 왔다고 평가되고
있다. 도시 사람들은 개발제한구역이 존재하고 있어 상큼한 공기
를 마쉬고 쉼터를 제공받을 수 있지만 개발제한구역 내 원주민
들에게는 여간 고통스런 규제가 아닐 수 없다.

그린벨트에서도 집 지을 수 있다

그린벨트가 꽉 묶여 있던 녹색띠를 조금씩 풀어가면서 미지의 땅에 대
한 투자자들의 관심이 쏠리고 있다. 개발제한구역, 즉 그린벨트는 도시
의 무질서한 확산을 방지하고 도시 주변의 자연환경을 보전, 도시민의
건전한 생활환경을 확보하기 위해 도시 개발을 제한할 필요가 있을 경
우 지정된다. 또 국방부 장관의 요청으로 보안상 도시개발을 제한할 필
요가 있다고 인정되는 경우 건설교통부 장관에 의해 도시관리계획으로

결정되는 용도구역이다.

일반적으로 개발제한구역은 '도시의 허파' 기능을 담당해 왔다고 평가되고 있다. 도시 사람들은 개발을 강력하게 규제하는 개발제한구역이 존재하고 있어 그나마 상큼한 공기를 마쉬고 쉼터를 제공받을 수 있지만 개발제한구역 내 원주민들에게는 여간 고통스런 규제가 아닐 수 없다. 개발제한구역 내 원주민들의 입장에서는 왜 도시 사람들의 허파 임무를 부여해 자신들의 사유권을 제한하는지 도무지 납득하기 어려운 부분이었다. 그래서 개발제한구역은 지역구 국회의원 출마시 또는 대통령선거 때마다 뜨거운 감자였다. 개발제한구역은 14개 도시권에 5,385km²(전국토의 5.4%)가 지정되었다.

개발제한구역 내에서는 어떤 행위가 가능할까? 개발제한구역 안에서는 그 구역 지정목적에 위배되는 건축물의 건축 및 용도변경, 공작물의 설치, 토지의 형질변경, 죽목의 벌채, 토지의 분할, 물건을 쌓아놓는 행위 또는 도시계획법 제3조 제13호 규정에 의한 도시계획사업의 시행을 할 수 없다. 다만, 구역지정 목적에 지장이 없는 행위는 시장·군수 또는 구청장의 허가를 받아 이를 행할 수 있다.

농사를 짓기 위해 논·밭을 갈거나 파는 행위 등 농림수산업을 영위하기 위한 것도 허용된다. 가옥 내부를 개조 또는 수리하는 주택을 관리하는 행위, 마을 공동의 우물을 파는 행위, 마을공동사업 등 경미한 행위에 대해서는 별도의 허가나 신고 없이 가능토록 하고 있다. 그러나 그린벨트 내에서는 단란주점, 노래연습장, 안마시술장은 절대 허용되지 않는다.

개발제한구역 내에서 허가를 받아 건축 가능한 시설

공공용시설	철도, 궤도 및 삭도, 도로 및 광장, 하천 및 운하, 주차장, 방재시설, 관개 및 발전용수로, 저수지 및 유수지, 항만, 수도 및 하수도, 공공공지 및 녹지, 공항, 공동구, 공동묘지 및 화장장, 공중화장실 등
농림수산업용시설	축사, 잠실, 싸이로, 양어장, 동물사육장, 콩나물재배사, 버섯재배사, 퇴비사 및 발효퇴비장, 종묘배양장, 온실, 창고, 담배건조실, 임시가설건축물, 지역특산물가공작업장, 관리용건축물 등
주택 및 근린생활시설	• 건폐율 100분의 20 이내로 건축하는 경우 : 높이 3층 이하, 용적률 100% 이내 • 건폐율 100분의 60 이내로 건축하는 경우 : 높이 3층 이하, 용적률 300% 이내로서 기존 면적을 포함해 연면적 200m²(5년 이상 거주자는 232m², 지정 당시 거주자는 300m²) 이하. 이 경우 5년 이상 거주자 또는 지정 당시 거주자가 연면적 200m²를 초과해 232m² 또는 연면적 30m²까지 건축할 수 있는 경우는 1회에 한한다. • *근린생활시설 중 휴게음식점 또는 일반음식점을 건축하는 경우에는 5년 이상 거주자 또는 지정 당시 거주자로서 건축물의 연면적은 300m² 이하여야 하며, 인접한 토지를 이용해 200m² 이내의 주차장 설치가 가능하다.
주민공동이용시설	마을진입로 · 농로 · 제방, 마을공동목욕탕 · 마을공동주차장 · 마을공동작업장 · 경로당 · 노인복지회관 · 마을공동회관 및 읍 · 면 · 동 복지회관, 공동구판장 · 하치장 · 창고 · 농기계 보관창고 · 농기계수리소, 공판장 등
실외체육시설	등산로 · 산책로 · 어린이놀이터 · 간이휴게소 및 철봉 · 평행봉 등 이와 유사한 체력단련시설, 배구장 · 테니스장 · 야외수영장 등 건축물의 건축이 수반되지 않는 운동시설, 골프장 등
도시민의 여가활용시설	휴양림 및 수목원, 청소년수련시설, 자연공원시설, 도시공원, 문화예술회관, 박물관 및 미술관 등
기 타	국방 · 군사에 관한 시설과 학교, 전기공급시설, 가스공급시설, 전기통신시설 · 방송시설, 유류저장 및 송유설비 등 공익시설 등

그린벨트 내에서의 건축물의 건축이나 공작물 설치시 건폐율은 100분의 60 이내, 용적률은 300% 이내로 정하고 있다. 하지만 거주 기간에 따라 연면적 기준이 차등 적용되며 지정 당시 거주자는 300m² 이하까지 건축이 가능하다.

그린벨트 어디가 풀리나

1971년 이후 30년 이상 존치해 온 개발제한구역에도 대대적인 손질을 가하게 되었다. 1998년부터 제도 개선을 추진, 1999년에 개선방안이 마련됐다. 해제 절차 역시 시장·군수가 기초조사와 주민 및 지방의회 의견 청취를 거쳐 입안하고 건설교통부 장관이 중앙행정기관의 장과의 협의 및 중앙도시계획위원회 심의를 거쳐 결정·고시하게 된다. 해제지역이 집단취락지구에 해당하는 경우 해제 권한은 시·도지사에 위임된다.

개발제한구역 해제는 크게 3가지 기준을 통해 추진되고 있다. 우선 제주권·춘천권·청주권·전주권·진주권·여수권·통영권 등 7개 중소 도시권은 2003년 10월까지 전면 해제되었다. 수도권·부산권·대구권·광주권·대전권·울산권·마산과 창원 및 진해권 등 7개 대도시권은 부분 해제를 추진하고 있다.

둘째는 부분해제지역으로 울산권은 2002년 12월, 광주권은 2003년 10월 광역도시계획 수립이 완료됐고 대구, 대전, 마산·창원·진해권은 관계부처 협의 중이다. 부산권 중 부산시 부분은 중도위 심의를

개발제한구역 지정현황(2003년 10월 31일 기준)

구 분	행정구역	지정면적(km²)			비 고
		당 초	해 제	현 재	
계		5,397.1	1,250.5	4,146	
대도시		4,294.0	147.4	4,146.6	
수도권	서울, 인천, 경기도 31개 시군	1,566.8	20.6	1,546.2	
부산권	부산, 김해 · 양산시, 기장군, (울산시)	597.1	87.1	510	
대구권	대구, 경산시, 달성 · 칠곡 · 고령군	536.5	1	535.5	
광주권	광주, 나주시, 담양 · 화순 · 장성군	554.7	0.7	554.0	
대전권	대전, 공주 · 논산시, 금산 · 연기 · 옥천 · 청원군	441.1	–	441.1	
울산권	울산시	283.6	35.7	247.9	
마창진권	마산 · 진해 · 창원시, 함안군	314.2	2.3	311.9	
중소도시		1,103.1	1,103.1	–	
춘천권	춘천시, 홍천군	294.4	294.4	–	
청주권	청주시, 청원군	180.1	180.1	–	
전주권	전주 · 김제시, 완주군	225.4	225.4	–	
여수권	여수시	87.6	87.6	–	
진주권	진주 · 사천시	203.0	203.0	–	
통영권	통영시	30.0	30.0	–	
제주권	제주시, 북제주군	82.6	82.6	–	

* 개발제한구역은 1971.7.30~1976.12.29에 5,397.1km²(1특별시, 6광역시, 37시, 18군, 49구)에 지정되었으나 1999년 7월 22일 수립한 '개발제한구역제도 개선방안'에 따라 2000년 9월 9일 1,250.5km²가 해제되어 현재 4,146km²(1특별시, 6광역시, 29시, 14군, 49구)에 지정되어 있음.

개발제한구역 해제현황 (2003년 11월 30일 현재).

구분	시·도	지 역 명	해제면적(㎢)	고시일
합 계	7개시	60개취락 · 2개산업단지 · 3개특정지역	1,251.754	
중소도시		7개소	1,103.09	
(전면해제)	제주도	제주시(북제주군 포함)	82.60	'01. 8. 4
	강원도	춘천시(홍천군 포함)	294.40	'01.12. 8
	충북도	청주시(청원군 포함)	180.10	'02.1. 19
	전남도	여수시	87.59	'02.12.30
	전북도	전주권(김제시 · 완주군 포함)	225.4	'03. 6.26
	경남도	진주시(사천시 포함)	203.0	'03.10.31
	〃	통영시	30.0	'03.10.31
집단취락	계 60개소 : 대규모 29, 중규모 (경계선 관통취락 31)		6.05	
(우선해제)	경기도	(35개)	2.67	
	성남시	고등	0.20	'01. 4.19
	광명시	신촌, 가리대, 설월리,	0.53	'01. 4.19
		식골		'01. 10
	부천시	(계수, 범박, 나사렛, 괴안)	0.04	'01. 4.19
	김포시	(신기, 본동, 향산)	0.03	'01. 4.19
	과천시	문원1단지, 문원2단지	0.26	'01.10.22
	시흥시	숯두루지	0.21	'01.10.22
	구리시	담터, 딸기원, (새말)	0.59	'01.10.22
	의정부시(양주군)	만가대, 빼뻘, (산북, 일영)	0.32	'01.10.22
	안양시	(삼막, 화창, 유원지, 호현, 내비산, 부림)	0.47	'02. 1. 4

구분	시·도	지 역 명	해제면적(km²)	고시일
(우선해제)	화성시	(간등, 수영말·후촌, 반고개, 큰말, 검다지)	0.02	'02. 4. 8
	고양시	(간촌, 바늘아지)	0.004	'02. 4. 8
	부산광역시 (5)	오봉산, 대저2동 공항, 영강중리, 송정, 한일물산	0.97	'02. 1 .4
	광주, 전남 (7)	(광주 동산, 태봉, 가산, 네거리, 전남 학림) (도산촌, 서동)	0.05	'01. 4.19
	경남 김해(2)	불암, 안막	0.48	'01. 3.31
	서울(11)	개화, 전원, 염곡, 못골, 방죽1, 은곡,	0.45	'02 9.30
		희망촌	0.03	'03. 4. 7
		상계 노원, 강동 강일	1.02	'03.10.31
		정릉3동, 도봉1동 일원	0.38	'03.11. 5
산업단지		2개소	11.597	
(우선해제)	시화산업단지	안산시, 시흥시	9.33	'00. 1. 11
	창원산업단지	창원시	2.267	'00. 9. 9
고리원전			120.6	'02. 1.4
(우선해제)	부산광역시	기장군, 장안읍, 일광면, 정관면 일원	85.32	
	울산광역시	울주군 서생면 일원	35.28	
현안사업			10.417	
(지역사업)	추모공원	서울시 서초구 원지동	0.173	'02. 4. 8
	경인교대	경기 안양시 만안구 석수동 일원	0.22	'03.10.31
(국책사업)	국민임대주택	고양 행신, 의정부 녹양 등 15개지구	10.024	

*집단취락 중 굵은 글씨는 300호 이상(또는 1,000명 이상), 엷은 글씨는 중규모취락, ( )는 경계선 관통취락을 의미함

2004년 3월 완료했고 수도권은 준비 또는 추진 중이다.

세번째는 7대 대도시권 중 광역도시계획 수립 이전에 해제되는 곳이다. 정부는 2001년 9월 대도시권 개발제한구역 조정방안을 확정, 우선 해제 대상 취락을 20호 이상으로 확대해 집단취락, 산업단지, 고리 원전 주변지역 등을 우선 해제 대상으로 추진하고 있다. 국책사업인 국민임대주택단지 등 시급한 현안사업 대상지도 우선 해제지역에 포함된다. 이미 추모공원 건립이 추진되는 원지동 일대가 2002년 4월, 경인교대 건립지역이 2003년 10월 풀렸고 집단취락 중 300호 이상 취락 77개 중 75개, 20호 이상 취락 1,800여 개소 중 434개소가 해제되었다.

국민의 정부 시절인 2002년 2월부터 1차 그린벨트 내 국민임대주택 건설사업이 시작돼 현재 소하·청계·풍산 지구 등 11개 지구 232만 7,000평에 4만 7,221가구의 아파트가 건설 중에 있다. 수도권 지역의 그린벨트(개발제한구역) 820만 평이 해제되고 14만 6,000가구의 주택 건설이 추진 중이다.

고양·안산·의정부시 등 13개 시의 그린벨트 지역에 15개 국민임대주택지구가 조성된다. 그린벨트 해제지역에 건설되는 물량의 50%인 7만 3,575가구가 임대주택이다. 해제되는 그린벨트는 수도권 광역도시계획 수립을 위한 환경영향평가 때 조정 가능지로 분류된 녹지다.

집단취락지구는 원주민은 물론 투자자들에게도 가장 큰 관심의 대상이 되었다. 원주민은 숙원이던 개발 제한의 틀에서 벗어날 수 있게 됐고 그에 따른 재산권 행사가 가능했겼기 때문이다. 반면 투자자들 입장에서는, 도심지 인근의 개발제한구역이 해제되면 그 대상지역의 땅값 상승은 불 보듯 뻔한 일이기 때문이다.

서울의 경우 그린벨트가 해제되는 곳은 2003년 이미 해제된 56만 8,700평을 포함해 315만 평에 달한다. 2004년 중 서울시에서 개발제한구역 해제가 추진되는 곳은 강서구 상사마을, 마포구 상암마을 등의 취락지구와 국민임대주택건설 대상지인 강남구 세곡동, 서초구 우면동 등 서울시에서만도 30여 곳에 이른다. 이미 2003년에는 서초구 염곡 · 전원마을과 강남구 방죽1 · 은곡마을 등 모두 11개 지역의 개발제한구역이 해제됐다.

기대했던 것과 같이 개발제한구역이 해제됐거나 해제가 예정된 곳의 땅값은 이미 많이 올라 있다. 세곡동과 율현동 그린벨트 내 가옥은 평당 1,000만~1,300만 원대로 2003년보다 평당 200만 원 정도 올랐다. 인근 전답의 경우도 대로변 인접 전답은 평당 300만~350만 원, 맹지는 평당 150만 원을 넘는다.

2002년 9월 이미 그린벨트에서 해제된 율현동 방죽1마을, 자곡동 못골마을, 세곡동 은곡마을은 현재 평당 1,500만 원대에서 가격이 형성되고 있다.

현재 평당 1,000만~1,300만 원대를 형성하고 있는 세곡동 반고개마을과 율현동 방죽2마을도 2004년 7월 그린벨트가 해제되면 율현동 방죽1마을 등 이미 그린벨트가 해제된 인근지역의 시세를 따라갈 가능성이 높다.

이미 발빠른 외지 투자자들이 선점한 곳도 있어 더 오를 것이라는 기대심리가 팽배해 물건도 없이 호가만 오른 상태다.

이축권은 수익을 보장받을 수 있는 저축권

이축권은 공익사업, 재해 등에 의해 주택 등 건축물이 철거된 경우 개발제한구역 내 취락지구 등으로 이축할 수 있는 권리로 흔히 '용마루'라고 불리기도 한다.

그린벨트 내 주택을 소유하고 있는 모든 원주민에게 이축권이 주어지는 것은 아니다. 이축권은 개발제한구역 지정 당시부터 허가건물을 소유하고 있는 원주민에게 부여된다. 따라서 개발제한구역 지정 당시부터 살고 있는 원주민이라 할지라도 무허가건물일 경우에는 이축권을 받을 수 없다.

토지 소유자와 건축물 소유자가 다를 경우에도 이축권을 받을 수 있다. 개발제한구역 지정 이전부터 타인 소유의 토지에 건축되어 있는 주택의 경우 토지 소유자의 동의를 받지 못해 증축 · 개축할 수 없다면 취락지구가 지정되지 않은 경우에도 취락지구 안이나 당해 취락지구에 접한 토지로의 이축이 가능하다.

주택의 신축은 개발제한구역 지정 당시부터 지목이 '대'인 토지와 개발제한구역 지정 당시부터 이미 주택(개발제한구역 건축물관리대장에 등재된 주택)이 있는 토지에 한해 신축도 가능하다. 만약 이축권을 가진 사람이 주택을 신축해 사용 승인을 받은 후 다른 사람에게 소유권을 이전할 때는 새로운 건축주가 개발제한구역의지정및관리에관한특별조치법령에서 정하고 있는 기준(건축가능 자격 및 규모 등)에 적합한 경우에 한해 건축주 명의변경 신고절차에 따라 가능하다. 그러나 이축권 자체를 다른 사람에게 팔고 사는 행위는 합법적으로 인정되지 않는다.

그러나 개발제한구역이 해제될 경우에는 그린벨트 안에서 공익사업 시행으로 철거가 되는 건축물의 이축규정을 원칙적으로 인정하고 있지 않다. 이축권 투자 목적으로 개발제한구역 토지를 매입할 경우에는 해제 예정지역이나 해제지역을 피해야 한다.

고리지역의 원주민인 김정륜씨는 개발제한구역 지정 이전부터 주택을 소유·거주해 왔다. 고리 그린벨트 지역이 원전 건설로 공익사업에 편입됨에 따라 김씨의 주택도 철거되는 상황이었다. 고리 원전 그린벨트 지역은 1998년 12월 지정 고시 후 1998~99년 토지 및 건물 감정평가를 실시해 보상이 확정되었다.

그러나 김씨가 운영하는 사업체의 경영난이 가중되면서 채무를 상환하지 못하자 1999년 7월 강제 경매되었다. 그 후 주택 및 토지의 보상금은 경락자에게 지급되고 소유권 또한 이전되었다. 원주민으로 경매 낙찰일 이전까지 살았던 김씨는 이축권을 받을 수 있지 않을까 하는 기대를 갖고 관계부처에 문의를 했다.

그러나 공익사업에 편입된 주택의 이축은 철거 당시 건축물 소유자(등기부등본 기준)에 한해 이축이 가능하므로 안타깝게도 김씨는 이축권마저 새 경락자에게 넘겨줄 수밖에 없는 상황이 되었다.

그린벨트 내 원주민 토지라도 이축권이 주어지는지 사전에 꼼꼼히 따져본 후 계약해야 한다. 물론 현장도 방문해 주변 시세에 대해 조사하고 건축가능 면적 등에 대해서도 다시 한번 짚어봐야 한다.

그린벨트 해제 예정지역은 대부분 토지거래허가구역으로 묶여 있다. 따라서 토지거래허가를 받을 수 있는지에 대해 먼저 확인한 후 계약하지 않으면 계약금만 날리는 경우가 생길 수 있다.

따 · 져 · 보 · 는 · 부 · 동 · 산 · 상 · 식

보유 토지의 일부만 개발제한구역에 속할 때 신축 가능한가?

유성봉씨는 부산시 외곽에 토지를 보유하고 있다.

지목은 전이고, 이 중 2분의 1 미만이 개발제한구역에 속하고 나머지는 자연녹지다.

이 곳에 주택을 신축하기 위해 구청에 토지형질변경(건축허가 포함)을 신청했는데 업무협조부서인 녹지계(개발제한구역 담당부서)에서 필지를 분할하지 않으면 건축을 허가할 수 없다고 했다.

내용인즉 분할 후 각각 200㎡ 이상이 되어야만 분할이 가능하므로 만약 1평이 개발제한구역이고 999평이 자연녹지일 경우 분할해서 각각 200㎡가 되지 않기 때문에 주택 신축이 불가능하다는 답변을 들었다. 개발제한구역 내에 토지가 편입된다면 그 토지를 포함해 각각 200㎡ 이상이 되도록 토지를 분할한 이후에나 해당 용도지역에서 허용하는 건축물의 주택 신축이 가능하다.

농지법
잘 고르면 다이아몬드, 못 고르면 막돌

상속은 절차상 또는 세제 절감의 측면에서 개인이 농지를 취득할 수 있는 가장 손쉬운 방법 중 하나다. 따라서 부모가 자식에게 물려주고자 하는 땅으로서 대부분 농지를 선호한다. 상속 농지라도 1만㎡(3,025평)를 초과하는 규모는 인정하지 않는다.

농지를 살 때 체크해야 할 사항

이해찬 국무총리 임명에 관한 인사청문회에서 가장 관심을 끌었던 논쟁거리 중 하나는 이 총리의 대부도 농지 취득 및 소유에 관한 일련의 절차가 투기 또는 불법이었느냐는 것이다. 그도 그럴 것이 이 총리가 취득한 땅은 대부도의 농지로 2002년 10월 매입 당시 평당 24만 원을 주고 매입했으나, 최근 시세가 평당 35만 원을 웃돌고 있어 그 시세 차익이 매우 컸기 때문이다. 농업인이 아닌 사람의 농지를 취득하는 것은 농지 소유의 원칙에 어긋난다.

청문회 당시 논란을 불러일으켰던 이 총리의 농지취득 과정을 한번 짚어보자.

먼저 이 총리는 2002년 10월 대부도에 지목이 '전'이었던 농지 684평을 매입했다. 매입 당시에는 토지거래허가구역에 포함되지 않았으나 농지를 매입한 뒤 10일 만에 해당 지역이 토지거래허가구역으로 지정됐다. 또 취득 당시 농업경영계획서의 영농경력란에 '15년'이라고 기재했고 농업기계장비 보유란에 '경운기 1대'라고 작성했다. 직접 경작 목적으로 농지취득 신고를 한 뒤 실제로 농사를 짓지 않고 있다는 지적에 이 총리는 대부도 땅에서 가지와 고추 등을 수확하는 등 먹거리를 위한 주말농장으로 활용하고 있다고 반박했다.

청문회 당시 쟁점이 되었던 사안들은 진위를 떠나 먼저 합법적인 농지취득이었는가를 따져봐야 할 것이다.

농지법에서 정하는 농지의 소유 원칙은 농업인에 한하고 있다. 따라서 이 총리의 경우 영농 경험이 있는 농업인이라는 점을 농업경영계획서상에 밝힘으로써 농지 취득이 가능한 조건을 갖추고 있다.

법에서 정하는 농업인의 개념은 1,000㎡ 이상의 농지에서 농작물 또는 다년성 식물을 경작·재배하거나, 1년 중 90일 이상 농업에 종사하는 자나 온지에 330㎡(100평) 이상의 고정식온실, 버섯재배사, 비닐하우스, 기타 농림부령이 정하는 농업생산에 필요한 시설을 설치해 농작물 또는 다년성 식물을 경작·재배하는 자를 의미한다. 또한 가축을 사육하거나 1년 중 120일 이상 축산업에 종사하는 경우와 농업경영을 통한 농산물의 연간 판매액이 100만 원 이상인 경우에는 농업인으로 인정하고 있다. 따라서 농지는 온실이나 비닐하우스 등을 설치해 영농하지 않는 한 면적이 최소한 1,000m²(302평) 이상은 돼야 한다.

모든 법칙에 예외가 있듯 농업인이 아닌 개인도 농지 취득이 가능하다. 우선 주말·체험 영농을 위한 농지 취득은 법에서 인정한다. 하지만 면적 제한을 두어 1,000m² 이내에 한하고 있다. 부부 또는 부모 자식 간에 주말·체험 영농을 위한 농지를 취득한 경우라면 세대원 전부가 소유하는 총면적의 합이 1,000m²를 초과해서는 안 된다.

둘째는 상속에 따른 경우다. 상속은 절차상 또는 세제 절감의 측면에서 개인이 농지를 취득할 수 있는 가장 손쉬운 방법 중 하나다. 따라서 부모가 자식에게 물려주고자 하는 땅으로서 대부분 농지를 선호한다. 상속 농지라도 1만m²(3,025평)를 초과하는 규모는 인정하지 않는다.

셋째, 8년 이상 농업경영을 하다가 다른 곳으로 이농할 경우, 이농 당시 소유하던 농지를 계속 소유하는 경우에도 농지 소유가 인정되나 소유 상한선을 1만m² 이하로 제한하고 있다.

넷째, 담보 농지를 취득해 소유하는 경우로 자산유동화에 관한 법률에 의거, 관련법 규정에 따라 저당권자로부터 농지를 취득할 때도 개인의 농지 소유를 인정해 준다.

다섯째, 농지전용허가를 받거나 농지전용신고를 한 사람이 농지를 소유하는 경우와 농지전용 협의를 완료한 농지를 소유하는 경우에도 농지 소유가 가능하다.

또한 농업기반공사 및 농지관리기금법에 따라 농지의 개발사업지구

안에 소재하는 농지로 도농 간 교류촉진을 위한 1,500m²(454평) 미만의 농원부지나 농어촌정비법에 의한 농어촌관광휴양지에 포함된 1,500m² 미만의 농지로 공유수면매립법에 의해 매립농지를 취득·소유하는 경우와 토지수용에 의해 농지를 취득·소유하는 경우, 공익사업을위한 토지등의취득및보상에관한법률에 의해 농지를 취득·소유하는 것도 농업인 이외의 농지 소유로 인정한다.

농지는 농업인 소유를 원칙으로 하고 있다. 따라서 개인이 농지를 취득하고자 할 때는 원칙적으로 농지취득자격증명을 발급받아야 소유권이전 등기가 가능하다. 농지취득자격증명 발급시에는 농업경영계획서를 작성, 농지 소재지 관할 시·구·읍·면장에서 발급신청을 해야 한다. 농업경영계획서에는 취득대상 농지의 면적, 농업경영에 적합한 노동력 및 농업기계와 장비확보 방안 등을 작성해야 하며 농지를 소유하고 있는 경우에는 소유농지의 이용실태에 대해서도 그 내용을 기입해야 한다.

농지취득자격증명서 발급이 필요치 않은 예외의 경우도 있다. 부모 등으로부터 상속을 받거나 담보농지를 취득·소유하는 경우에는 농지취득자격증명서 발급대상이 아니다. 공유농지 분할에 따른 농지 취득이나 시효완성으로 농지를 취득하는 경우에도 농업취득자격증명서가 필요없다.

여기서 명심해야 할 점은 농지전용 협의 후 농지를 취득하는 경우에는 농지취득자격증명이 필요치 않으나 농지전용 허가·신고 후 농지를 취득하는 경우에는 농지취득자격증명이 필요하다는 사실이다.

농지는 소유권 이전 후에도 지속적으로 본래 목적대로 사용되고 있는지를 따지게 된다. 농지가 합리적으로 이용되지 않을 경우 처분토록 하고 있다. 즉 정당한 사유 없이 농업경영에 이용하지 않거나 주말·체험 영농 목적으로 취득한 농지라도 목적에 따라 이용되지 않은 경우, 전용허가를 받거나 전용을 신고한 농지가 취득한 날로부터 2년 내 목적 사업에 착수하지 않았을 때 등은 강제처분 대상이 된다.

청문회 때 이 총리가 직접 경작하고 있지 않은 사실에 대해 끈질기게 추궁했던 것도 농지의 이 같은 항목 때문이다. 시장·군수 구청장으로부터 처분 통보를 받은 농지는 그 사유가 발생한 날로부터 1년 내에 처분해야 한다.

처분 명령을 받은 소유자는 농업기반공사에 매수청구를 의뢰할 수 있다. 이 때 매수는 공시지가를 기준가격으로 정한다. 따라서 불이익을 당할 수도 있다. 만일 처분 의무기간 내에 처분하지 않은 농지는 6개월 내에 처분 명령을 받게 되고, 이행하지 않을 경우 농지가격의 100분의 20에 해당하는 이행강제금까지 내야 한다. 따라서 농지는 취득뿐 아니라 관리 또한 중요하다는 사실을 명심해야 한다.

농지, 보호되는 만큼 가치도 있다

농지의 효율적 이용 보전을 위해 농업진흥지역이 지정된다. 농업진흥지역은 농업진흥구역과 농업보호구역으로 나뉜다. 농업진흥지역이란 농업진흥을 도모하기 위해 농지가 집단화되어 농업 목적으로 이용이 필요한 지역을 의미한다. 반면에 농업보호구역은 농업진흥구역의 용수원 확보, 수질 보전 등 농업환경보호를 위해 필요한 지역이다.

농업진흥구역은 원칙적으로 농업생산과 농지개량과 관련된 행위로 이용돼야 한다. 그러나 농업보호구역 안에서는 1,000m²(302평) 미만의 공장, 2,000m²(605평) 미만의 공동주택 및 기타 3,000m²(907평) 미만의 시설은 건축이 가능하다.

만약 1개 필지가 농업진흥구역과 농업보호구역에 걸쳐 있는 경우 농업진흥구역에 속하는 토지면적이 330m²(100평) 이하일 때는 농업보호구역에 관한 규정을 적용한다. 예를 들어 A가 소유한 토지가 농업진흥구역에 300m², 농업보호구역에 700m²씩 걸쳐 있다면 전체 면적 1,000m²에 대해 농업보호구역에 준한 규정이 적용된다. 그러나 농업진흥구역과 농업보호구역 내 면적이 각각 500m²라면, 500m²에 대해서는 농업진흥구역, 500m²에 대해서는 농업보호구역 규정이 적용된다.

농업진흥지역은 국토의계획및이용에관한법률에 의해 녹지지역(특별시 녹지지역은 제외), 관리지역, 농림지역 및 자연환경보전지역 등이 지정대상이 된다.

일반적으로 농업진흥지역은 농업이용 증진의 목적으로 지정되는 집단화된 지역인 만큼 그 이용이 어려울 것으로 판단한 투자자들은 대체로 진흥지역 외 관리지역 농지를 선호한다. 그러나 최근 들어 진흥지역 내 토지 중 경지 정리가 제대로 돼 있지 않은 농지를 저렴하게 매입했다가, 규제 해제 및 용도변경 등을 통해 높은 수익을 올리는 투자자들이 늘고 있다. 이는 고수들이 투자 위험성은 높지만 상대적으로 값이 비싼 관리지역보다는 풀릴 만한 진흥지역 내 농지를 선호하는 이유이기도 하다.

농지의 가치를 높이는 전용

농지의 또 다른 매력은 전용이다. 농지는 합법적 절차를 통해 전용이 가능하기 때문에 전원주택이나 펜션 등의 개발목적을 갖고 있는 투자자들은 농지를 선호한다. 원칙적으로 농지의 전용은 엄격한 규제 대상이다. 전용을 위해서는 농지전용협의를 거쳐 행정관청의 허가 또는 신

 따·져·보·는·부·동·산·상·식

농사 짓는 임야는 농지로 인정될까?

태안에 사는 김영수씨는 30년 이상 임야에서 고추, 수박 등을 경작해 왔다. 그러다가 태안 택지개발사업이 확정되면서 보상협의에 들어간 김씨는 깜짝 놀라지 않을 수 없었다. 비록 임야이지만 30년 간 농사를 지어온 김씨는 내심 농지에 상응하는 수준의 농작물이나 토지에 대한 보상이 있을 것으로 기대했다. 하지만 그는 불법 형질변경을 통해 농지로 이용되고 있는 토지는 법률상 농지로 규정하고 있지 않아 농지에 대한 영농손실보상의 대상에 해당되지 않는다는 회신을 받았다. 현황은 농지로 사용하고 있었지만 지목이 임야였기 때문에 법적으로는 농지로서 인정받지 못한 사례다.

고를 하도록 정하고 있다.

농지를 다른 용도로 사용할 때는 당해 농지의 소재지 관할 농지관리위원회의 확인을 거쳐 농림부 장관의 허가를 받아야 한다. 전용면적에 따라 전용허가가 시·도지사에 위임된다. 즉 농업진흥지역 안의 토지는 $3,000m^2$ 이상~3만m^2 미만, 농업진흥지역 밖은 1만m^2 이상~10만m^2 미만의 농지의 경우 시·도지사에게 허가권이 위임된다. 이 중에서도 농업진흥지역 안의 $3,000m^2$ 미만, 진흥지역 밖의 1만m^2 미만 농지의 전용허가나 협의시에는 시·군·구청장이 허가권자가 된다. 농지전용허가 또는 변경허가시에는 농지전용허가신청서를 당해 농지 소재지 관할 농지관리위원회에 제출해야 한다.

농지전용신고는 농지 소재지 관할 농지관리위원회의 확인을 거쳐 지방자치단체장에게 신고해야 한다. 농지전용신고 대상은 농업인주택, 농업용시설, 마을회관 등 농업인 공동생활편익시설 등의 농수산관련시설 및 편익시설의 건축시에만 해당된다. 따라서 기타 목적으로 전용할 때는 전용허가를 받아야 한다.

농지전용허가를 받았다고 해도 이는 영구적인 허가가 아니다. 허가가 취소되는 경우도 있기 때문이다. 허가목적이나 조건을 위반하거나 허가나 신고 없이 사업규모를 변경하는 경우에는 농지전용허가가 취소될 수 있다. 허가를 받고 정당한 사유 없이 2년 이상 농지전용 목적사업에 착수하지 않거나 농지전용 목적사업에 착수한 후 1년 이상 공사를 중단한 경우, 농지조성비를 납부하지 않은 경우 등은 전용 허가가 취소된다.

물론 농지를 전용하는 농지에 상응한 농지 조성에 소요되는 비용을 농지조성비로 납부해야 한다. 일반적으로 농지조성비는 납입통지서 발행일로부터 30일 이내에 납부해야 한다. 납부 의무자가 부득이한 사유로 기간연장을 신청하면 1회에 한해 60일 범위 내에서 연장이 가능하고 부득이한 사유로 일시납이 어려운 경우에는 3년 분할납부도 가능하다.

농지법이 바뀐다

2005년 7월부터 도시민을 포함한 비농업인이 농지를 무제한 매입할 수 있게 되고 농업진흥지역 밖의 계획관리지역 등에서는 건축 시설별 면적 기준이 시설기준으로 완화됨에 따라 대형 시설 건축도 가능해질 전망이다. 이처럼 농지법이 개선되면서 활용도가 좋은 대규모 농지의 가치가 더욱 높아질 것으로 여겨진다.

정부는 이 같은 농업 구조개편을 추진하기 위해 기업이나 도시민 등이 농업회사에 최대 75%까지 출자할 수 있도록 허용함으로써 비농업인이라도 농업회사의 경영권을 행사할 수 있는 길을 터주기로 결정했다.

정부는 헌법 121조 2항(농업생산성 제고와 합리적인 농지 이용을 위해 불가피한 사정으로 발생하는 농지 임대차와 위탁경영은 법률이 정하는 바에 따라 인정)을 적극적으로 해석, 비농업인이 장기임대를 조건으로 농지를 소유할 수 있도록 허용하기로 했다.

개정안은 이를 위해 농업기반공사 산하의 농업구조개선 사업조직을 농지은행으로 전환, 도시민에게서 위탁받은 농지를 전업농에게 빌려줌으로써 영농 규모를 확대하고 농사 중단을 원하는 고령 농가의 농지를 매입토록 했다. 또한 농업인에 대해서도 상속농지나 이농으로 불가피하게 농사를 짓지 못하는 농지를 장기임대 조건으로 계속 소유할 수 있도록 허용키로 했다. 비농업인도 농업회사 지분을 75% 미만까지 소유할 수 있고, 대표이사에 취임할 수 있도록 했다.

농업진흥지역으로 묶인 곳에도 농민 소득이나 편익을 증대할 수 있는 판매시설 등을 설치할 수 있게 된다. 농업진흥지역 밖에 있는 농지는 '시설별 면적기준'으로 전용이 제한되고 있지만 앞으로는 '시설기준'으로 완화돼 대규모 시설을 설치할 수 있게 된다.

예컨대 계획관리지역 내 공장이나 창고 면적을 3만㎡ 이하로 제한(시설별 면적제한)했었는데, 시설기준으로 규제 대상이 바뀜에 따라 대규모 공장이나 창고가 들어설 수 있게 된다. 그러나 생산(보전)관리지역에 설치할 수 있는 시설 중에서 농지보전을 침해하는 시설은 그 전용이 제한된다.

또 농업보호구역도 대기오염 물질이나 폐수배출시설 등을 설치하지 못하도록 제한하는 방식(제한행위 열거방식)으로 운영돼 왔다. 그러나 앞으로는 '허용행위 열거방식'으로 바뀌어 규제가 강화된다.

정부는 대도시 근교의 농지 개발이익을 농촌 투자재원으로 활용하기 위해 공시지가 기준으로 부담금을 물리는 농지보전부담금 제도를 도입하기로 했다.

농지를 다른 용도로 활용하기 위한 전용시 부담하는 농지조성비는 현재의 농지조성 원가를 기준으로 1㎡당 1만 300~2만 1,900원을 부과하던 방안에서 전용농지 공시지가를 기준으로 부과할 방침이다. 즉 현재는 지역에 관계없이 조성 원가가 얼마냐에 따라 일정 금액을 부과토록 규정하고 있으나 전용농지의 고시지가를 기준으로 부과토록 개선될 경우 수도권 또는 대도시 주변 땅에서는 농지조성비 부담이 늘어나게 된다.

대도시 주변 농지를 매입해 개발을 고려하고 있다면 만만찮은 농지조성비 부담 증가에 대한 계산도 사전에 감안해야만 자금 계획에 차질이 없을 전망이다.

그러나 비농업인이 주말·체험 영농을 목적으로 소유하는 토지 상한선(세대당 1,000m² 미만)을 확대하는 문제는 농업인 정의(농지 1,000m² 이상 경작)와 연계되는 민감한 문제이기 때문에 장기과제로 검토하기로 했다

농지법이 개정되면 도시민들의 대규모 농지 매입에 대해 5년 이상 농지은행을 통해 전업농 등에 임대해야 하는 조건이 붙는다. 하지만 임대기간 종료 뒤에는 지가차익을 얻을 수 있다. 농림부는 임대가 성사되지 않으면 농지를 처분하거나 농사를 지어야 한다는 기본 방침을 밝히고 있다. 따라서 임대 후 매각을 통해 합법적 절차를 거친 농지투자가 가능해질 전망이다.

물론 수요가 몰릴 수 있는 대도시 주변에서는 이 제도를 활용해 5년 임대 후 매각을 통한 차익을 얻는 방안을 적용하는 데 제한을 둘 가능성도 있다. 따라서 향후 농지법 개정방안이 어떻게 확정될 것인가 여부에 투자자들은 지속적인 관심을 가져야 한다.

05
산지관리법
아는 만큼 투자가치가 커진다

땅투자 고수들은 산지의 가치를 높게 평가한다. 임야는 농지에
비해 상대적으로 투자 빈도가 높지 않기 때문에 가격을 제대로
평가하기 어려운 경우가 많다. 따라서 살 때나 팔 때 모두 적절
한 가격 평가가 중요하다.

땅투자 고수들은 산지의 가치를 높게 평가한다. 임야는 농지에 비
해 상대적으로 투자 빈도가 높지 않기 때문에 가격을 제대로 평가하기
어려운 경우가 많다. 따라서 살 때나 팔 때 모두 적절한 가격 평가가 중
요하다.

　임야에 대해서는 산림법과 산지관리법에서 정하고 있다.

　예전의 산림법에서 산지의 이용구분 및 행위제한, 전용 등에 대한 내
용을 따로 떼어내 2003년 10월 1일부터 산지관리법에서 규정하고 있

다. 산지는 농지보다 관련법이 단순하다. 토지거래허가구역이 아닐 경우 취득이나 소유에 따른 제한이 까다롭지 않기 때문이다.

산지는 보전산지와 준보전산지로 구분한다. 보전산지는 임업용산지와 공익용산지로 나뉜다. 임업용산지는 산림자원 조성과 임업경영기반 구축 등 임업 생산기능 증진을 위해, 공익용산지는 임업생산과 함께 재해방지, 수원보호, 자연생태계 보전, 자연경관 보전, 국민보건휴양 증진 등 공익 기능을 위해 필요한 산지다.

보전산지는 말 그대로 임업생산기능 증진이나 공익기능을 위해 보전이 필요한 산지다. 따라서 산림청장의 지정·고시가 있어야 한다. 하지만 준보전산지에는 보전산지 외 산지가 모두 포함되므로 산림청장의 별도 지정·고시가 필요없다.

보전산지는 산림보전이 주목적인 만큼 국토의계획및이용에관한법률에 의한 농림지역, 자연환경보전지역이 지정대상이 된다. 반면 준보전산지는 산지의 보전과 개발의 용도를 복합적으로 포함하고 있어 국토의계획및이용에관한법률상 관리지역이 지정대상이 된다.

산지는 공공의 이익증진을 위해 보전이 필요하다고 인정되는 경우 산지전용제한지역으로 지정, 산지전용을 제한한다. 산지전용제한지역으로 지정되는 곳은 대통령령이 정하는 주요 산줄기의 능선부로서 자연경관 및 산림생태계의 보전을 위해 필요하다고 인정되는 산지나 명승지, 유적지 등 역사적·문화적 가치가 인정되는 산지 또는 산사태 등 재해발생 우려가 있는 곳 등이다.

이 같은 산지전용제한지역에서는 개인의 이익증진을 위한 목적 행위가 절대 제한된다. 산지전용제한지역 내의 개인소유 산지도 필요한 경우에는 국가나 지자체에서 매수할 수 있도록 법으로 정하고 있다. 물론 매수가격은 공시지가이므로 산지전용제한지역으로 묶일 우려가 있는 산맥의 능선이나 문화 유적이 많은 곳은 사전에 꼼꼼히 따져봐야 한다.

산지전용은 산지를 조림이나 육림 등의 용도 외로 사용하거나 산지의 형질을 변경하는 것이다.

산지의 경우에도 전용허가를 받을 때는 산림청장에 허가가 있어야 한다. 면적과 소관부처에 따라 공유림 또는 사유림일 때는 시·도지사 등의 지자체장에게, 국유림 산지는 지방산림관리청장, 국유림관리소장에게 전용허가를 신청해야 한다.

산지전용허가나 신고는 기간을 정하고 있다. 산지전용허가나 신고 모두 10년 범위 내에서 목적 사업별로 허가 및 신고기간을 정하고 있다. 물론 허가나 신고를 받고 기간 내 목적사업을 완료하지 못했을 경우에는 산림청장으로부터 산지전용기간 연장 허가 및 산지전용기간 변경신고를 해야 한다.

산지도 전용시에는 전용비, 즉 대체산림자원조성비를 납부해야 한다. 대체산림자원조성비는 전용되는 산지의 면적에 단위면적당 금액을 곱한 금액이 부과되며 단위면적당 금액은 산림청장이 결정·고시한다.

대체산림조성비용은 지역에 따라 차등 적용된다. 준보전산지는 단위면적당 금액만 납부하면 되지만 산지전용제한지역일 경우에는 단위면적당 금액에 100%, 산지전용제한지역을 제외한 보전산지는 단위면적당 금액에 30%를 가산한 금액을 납부해야 한다.

예를 들어 단위면적당 대체조림비가 1m²당 1,581원(평당 5,226원)이면 준보전산지의 대체산림조림비는 1m²당 1,581원(평당 5,226원), 산지전용제한지역은 1m²당 3,162원(평당 1만 453원), 산지전용제한지역을 제외한 보전산지는 1m²당 2,055원(평당 6,784원)이 된다.

산지는 대부분 매물의 규모가 크기 때문에 전용시 대체산림자원 조성비 부담이 적지 않다. 개발을 감안한 투자라면 반드시 토지 매입비는 물론 전용에 소요되는 대체산림자원 조성비에 대한 예산도 미리 염두에 두어야 한다. 대체산림자원 조성비는 일시납이 원칙이지만 경우에 따라서는 분할납부도 가능하다.

도움말 및 자료 협조

JMK플래닝 www.jmkland.com
한국토지랜드 www.toziland.com
빌리언 www.billion.co.kr
세양공인 http://www.speedbank.co.kr/r/lim6080/
당하부동산써브 http://www.speedbank.co.kr/r/g777/
나래공인 http://www.speedbank.co.kr/r/mog5522/
대산공인 http://www.speedbank.co.kr/r/ds4582/

•

사야 할 땅 팔아야 할 땅

•

지은이 / 안 명 숙
펴낸이 / 김 경 태
펴낸곳 / 한국경제신문 한경BP
등록 / 제2-315(1967. 5. 15)
제1판 1쇄 발행 / 2004년 9월 20일
제1판 3쇄 발행 / 2004년 10월 5일
주소 / 서울특별시 중구 중림동 441
홈페이지 / http://bp.hankyung.com
전자우편 / bp@hankyung.com
기획출판팀 / 3604-553~6
영업마케팅팀 / 3604-561~2, 595
FAX / 3604-599

•

ISBN 89-475-2501-4

•

값 15,000원